2018 年度国家自然科学基金重点项目"国家治理视角下公共服务供给的财政制度研究"（71833002）

清华大学创新发展研究院创新与发展系列丛书

农业转移人口市民化研究

—— 现实困境、福利效应以及路径选择

Study on Citizenization of Rural
Migrant Population:
Realistic Dilemmas, Wealth Effects
and Policy Paths

杨 沫 著

中国社会科学出版社

图书在版编目（CIP）数据

农业转移人口市民化研究：现实困境、福利效应以及路径选择/
杨沫著 . —北京：中国社会科学出版社，2022.2
（清华大学创新发展研究院创新与发展系列丛书）
ISBN 978 – 7 – 5203 – 9659 – 2

Ⅰ.①农… Ⅱ.①杨… Ⅲ.①农业人口—城市化—研究—中国
Ⅳ.①C924.24②F299.21

中国版本图书馆 CIP 数据核字（2022）第 021011 号

出 版 人	赵剑英
责任编辑	刘晓红
责任校对	周晓东
责任印制	戴　宽

出　　版	中国社会科学出版社
社　　址	北京鼓楼西大街甲 158 号
邮　　编	100720
网　　址	http://www.csspw.cn
发 行 部	010 – 84083685
门 市 部	010 – 84029450
经　　销	新华书店及其他书店
印　　刷	北京君升印刷有限公司
装　　订	廊坊市广阳区广增装订厂
版　　次	2022 年 2 月第 1 版
印　　次	2022 年 2 月第 1 次印刷
开　　本	710×1000　1/16
印　　张	13.25
插　　页	2
字　　数	200 千字
定　　价	76.00 元

"清华大学创新发展研究院创新与发展系列丛书"序

　　清华大学创新发展研究院（Institute for Innovation and Development，Tsinghua University，IID）成立于 2014 年 12 月 25 日，是经清华大学批准成立的跨学科、跨专业的研究平台，挂靠社会科学院。研究院主要从事创新与产业研究，发展定位是努力打造国内创新与产业发展的第三方高端智库，构建有影响力的政策沟通平台和学术交流平台。研究院的研究成果主要服务于政府决策和企业发展，同时也积极开展创新和经济发展领域的基础性研究。

　　研究院由国务院发展研究中心原党组书记、副主任陈清泰同志任院长，著名经济学家吴敬琏先生和中国科学院院士、原科技部部长徐冠华同志任学术委员会主席，一批来自国内外的专家学者、政府官员以及在创新和产业发展领域有重大贡献的企业家出任研究院理事，并作为研究院的指导师资或研究力量。

　　研究院依托清华大学作为研究基地，重在整合政府部门、产业界和学术界多方资源，努力形成一批学术性、政策性的研究成果。系列研究成果以"清华大学创新发展研究院创新与发展系列丛书"的形式出版，包括专著、译著、编著、论文集等多种类型，主要围绕创新驱动发展、产业与创新政策转型、国家能源发展战略与能源体制改革、新兴产业发展、城市区域经济转型等开展中长期研究。

　　我们衷心地希望能通过丛书的出版，加强与各领域内专家学者的交流学习，加强国际学术与经验交流，为中国创新驱动发展的改革和实践提供学术支撑与国际经验。我们将努力让研究院发挥创新交流与服务、为源头创新提供资源整合平台、服务战略性新兴产业发展等功能，为广大读者提供具有针对性的、高质量的研究成果。

清华大学创新发展研究院执行院长

刘涛雄

序

农业转移人口市民化是特殊城市化进程中的一个重大经济问题，同时也是一个重大的社会问题和政治问题，引发了社会各界的广泛关注。目前，中央在宏观层面已经启动土地、财税、社会保障以及户籍等方面改革，全力推进农业转移人口在流入地城市的融入与发展。党的十八大以来，中央提出，到2020年实现约1亿农业转移人口落户城镇的目标，出台了推进户籍制度改革、实施居住证制度等举措。2013年党的十八届三中全会指出："要推进农业转移人口市民化，逐步把符合条件的农业转移人口转为城镇居民，稳步推进城镇基本公共服务常住人口全覆盖。"2017年，习近平总书记在党的十九大报告中指出："以城市群为主体构建大中小城市和小城镇协调发展的城镇格局，加快农业转移人口市民化。"

目前，学术界围绕农业转移人口市民化的研究，主要集中在以下几个方面：其一，从制度层面分析农业转移人口市民化存在阻碍。以户籍制度为依托的城乡二元结构，将农业转移人口的医疗、教育、住房等公共服务排除在外。对此提出，改革户籍制度，建立城乡统一的劳动力市场与适合农业转移人口的社会保障制度，创建平等的就业机制。其二，从财政层面分析农业转移人口市民化存在现实困境。公共服务的提供主体是地方政府，由于市民化成本巨大、面临体制性约束，长期效用高于短期回报，地方政府在推进市民化政策时往往动力不足。对此提出，市民化问题本质上是财政问题，政府可以通过合理配置公共财政资源来有序地推进农业转移人口市民化。其三，从社会融合层面分析农业转移人口市民化存在的主观隔阂。中国地域辽阔，方言文化具有多样性。追求经济目标的农业转移人口流入务工地后，被本地居民贴上了"外来人口"标签。本地居民的不信任，沟通交流圈子的狭小让农业转移人口缺乏相应的社会资本，难以融入城市。对此提出，加大文化宣传力度、提高城市包容性、鼓励农业转移人口参与社区活动等。

本书中，杨沫博士结合其自身的研究长处，基于微观数据深入研究了农业转移人口市民化的现状与问题，并在此基础上提出了相关的政策建议。杨沫博士是本人 2014 级的博士生，2017 年在东北财经大学获得经济学博士学位。她曾参与由本人主持的 2014 年度国家社会科学基金重大项目"推进农业转移人口市民化：路径选择、财力保障与地方政府激励研究"（14ZDA032）以及 2018 年度国家自然科学基金重点项目"国家治理视角下公共服务供给的财政制度研究"（71833002）。自读博开始，杨沫博士就一直关注城镇化、市民化相关领域的研究。目前，她已经在《管理世界》《经济学动态》《财经研究》《经济科学》等国内 CSSCI 期刊杂志上发表论文十余篇，主持了博士后基金一项，积淀了较为丰硕的研究成果。

本书是杨沫博士基于其课题研究成果、学术论文以及博士论文整理而成的。总的来看，杨沫博士的专著主要有如下特点：

其一，研究视角新颖。本书很大篇幅是基于已有公开的微观调查数据，从微观视角研究农民转移人口市民化的现状问题，包括农业转移人口与城市居民的公共服务不均等、就业机会不公平、工资收入差距等问题。从微观大样本出发，对市民化的现状提供了翔实的经验证据。

其二，研究内容全面。本书的核心内容一共分为市民化的现实困境、福利效应以及路径选择三个部分。第一个部分从公共服务、工资收入、就业机会等方面阐述了现状；第二个部分主要基于反事实的研究方法，深入研究农业转移人口市民化之后可能在工资收入和生活满意度方面带来的效用；第三个部分则深入市民化问题的内在逻辑，分析当前市民化面临的主要制度性阻碍，并提出未来的改革路径。

其三，研究方法规范。本书基于微观实证框架进行了严谨的研究，采用了目前较为规范的实证研究方法。例如，在研究农业转移人口与城镇居民的工资同化问题上，采用了扩展的明瑟方程框架，从动态视角研究工资差距的变化趋势，同时还采用 Heckman 两步法克服样本的自选择偏误；在研究市民化的福利效应问题上，采取倾向得分匹配与双重差分方法等因果识别策略，基于反事实的分析框架，对市民化后的农业转移人口工资收入以及生活满意度进行研究。

本书在一定程度上综合反映了杨沫博士在农业转移人口市民化领域所做的研究努力和学术创新。学术成果的出版意味着对上一阶段学术研究的系统总结，也是未来学术研究的一个新起点。作为她的博士生导师，我为她的研究成果出版由衷地感到高兴。农业转移人口市民化是伴随中国改革开放进程的长期历史过程，无法一蹴而就，未来仍有诸多问题需要深入探讨。希望她再接再厉，在相关领域取得进一步研究进展。

吕　炜

2020 年 3 月 20 日于东北财经大学梓楠楼

目　　录

　　当前中国正处在深刻的社会变革之中，这种变革主要包括两个层次的转变，一是经济体制的转轨——从传统的计划经济体制转变成社会主义市场经济体制；二是经济结构的转型——从传统的农业的、封闭的社会转变成现代化的工业的、开放的社会。在重大的社会变革之中，尤为突出的是改革开放以后，大规模的人口流动以及城镇化的进程。

　　随着中国经济发展进入新常态，积极推进城镇化、市民化被认为是解决我国城乡收入差距过大，维持经济可持续发展的重要路径之一。国家统计局的农民工监测数据显示，2008 年全国农民工总量为 2.25 亿人次，2019 年增至 2.91 亿人次。农业转移人口占总人口的比重也逐步提升，由 2008 年的 16.97% 增至 2019 年的 20.07%。大规模的农业人口转移，不但把大量农业人口从土地桎梏中解放出来，为我国的工业发展、城市发展注入了源源不断的强大动力，还顺应了市场化机制下对生产力重新布局的要求，重组中国的经济社会结构，极大地推动了国家经济社会发展进程。

　　农业转移人口为城市的现代化建设和高速发展做出了巨大贡献，但是就他们自身而言，在城市的实际生活工作状况却堪忧。与城镇居民相比，农业转移人口大多从事工作环境差、劳动时间长、技术含量低的工作；他们不但无法进入津贴、福利较好的工作单位，甚至连基本的劳动权利保障都可能存在空缺。CHIPS 2007 调查数据显示，农业转移人口比城镇居民每周工作时间长大约 22 个小时，但月工资收入却比城镇居民少近 27%。农业转移人口对城市发展所做出的贡献与其分享到的城市发展成果之间存在鲜明的反差。不仅如此，由于户籍制度的存在，城镇劳动力市场被分割成为正规市场和非正规的农村劳动力市场。大多数农业转移人口只能流入到非正规的劳动力市场中，在部门、职业以及岗位进入上都存在较大的限制。同时，在工资、福利、公共服务等方面不能享受与城镇居民同等的待遇（赵树凯，1998；李建民，2002；蔡昉等，2003）。政府为了降低城镇化的成本，将农业转移人口排除在了基本公共服务体系之外，使他们难以享受与城镇居民相同的养老保险、医疗保险、住房保障以及子女教育权利等，导致他们长期游离在城市的边缘。

目前，由于公共服务差距所造成的城市内部二元结构矛盾日益凸显，以往主要依靠非均等化公共服务来压低成本，从而推动城镇化的发展模式不可持续。中共十八届三中全会首次提出以"人的城镇化为核心"，"人的城镇化"实质上是指农业转移人口市民化。与此同时，有序推进农业转移人口市民化的章程被写入了 2012—2020 年国家新型城镇化的规划。在我国目前的体制背景下，市民化往往是一个狭义的概念，即农业转移人口获得城镇户籍，与城镇居民享有同等的社会保障和福利待遇。有城镇户籍就等于完成了市民化，户籍成为是否市民化的一个标志。实质上，广义的市民化不仅仅包括户籍、待遇与城镇居民完全一样，而且包括了在文化、心理以及认知上与城市社会的高度融合。

农业转移人口只有在真正意义上融入城市，才能为城市提供持续发展的动力。但是，当前进城的农业转移人口并没有完全融入城市社会，社会身份被标签化为只有生产功能没有生活权利的打工者，这与城市的包容性和共享性相背离。如果农业转移人口不能完全融入城市，就意味着他们一直会被城市社会边缘化。经济增长和政府政策的长期目标是提高国民的福利，市民化政策也不例外。对于农业转移人口而言，实现市民化对他们的福利水平也将带来很大的影响。对于大多数人而言，福利水平提高不仅体现在物质生活水平的提高，而且体现在精神生活的更加丰富和满足，如生活满意度或主观幸福感增加。以往经济学家主要将研究的目标聚焦于农业转移人口在城镇面临的职业隔离、工资歧视以及公共服务缺失等客观问题，极少关注农业转移人口的心理、身份认同以及生活满意度等主观问题。虽然生活满意度并不完全等同于个人的效用函数，但它属于个人效用函数中的一部分，生活满意度的提高能为个人带来很高的边际效用（Glaeser et al.，2014）。

　　虽然，农业转移人口市民化的问题被推到了风口浪尖，而且预期市民化能提高农业转移人口的福利效应水平，但是目前市民化政策的实施和推进仍然面临着巨大的阻力。实施市民化政策的主体——地方政府面临着财政能力和体制层面的双重约束，导致我国的户籍制度与地方政府主导的城镇化进程出现了诸多偏差，使当前的城镇化表现为，以严重限制福利公平供给的经济效率为导向的城镇化。基于此，中央政府如何采取有效的激励措施促使地方政府实施市民化政策？市民化政策该怎样选择合理的路径？这些都是本书深入研究的重要问题。

第一节　人口流动相关政策的历史回顾

　　户籍作为一项基础性的社会管理制度，在不同的历史时期扮演着不同的角色，从人口的管理、对人口流动的限制，到城乡二元社会的形成、城乡一体化发展，户籍制度改革每向前走一小步，中国社会发展就前进一大步。但同时，由于各种利益的加持，使户籍制度嵌套上了各种社会福利和公共服务供给，户籍制度的改革变得步履维艰。

　　1951 年 7 月，《城市户口管理暂行条例》规定人口出生、死亡、迁出、迁入社会变动等户口管理，一律由公安机关执行，标志着新中国城市统一户口管理制度形成（郭东杰，2019）。随后，1956 年6 月，《关于建立经常户口登记制度的指示》规定，办理户口登记的具体机关是城镇的公安派出所或乡镇人民委员会，标志着城乡户口管理制度建成。在此期间，虽然政府实施了户口登记制度，但是户口仅起到了管理作用，城乡人口的流动仍然非常活跃，大量的农村人口流入城市，又无正式工作，社会治安一度陷入混乱。

1958 年，全国人民代表大会通过了《中华人民共和国户口登记条例》（以下简称《户口登记条例》），将户籍类型分为两类，即"农业户口"和"非农业户口"。条例规定，想进城务工的农民劳动力必须满足以下两类要求：第一，获得城市劳动部门所颁发的就业证明，政府部门可以通过限制此类证明的数量来控制农民工的数量；第二，如果农民工离开城市，需要获得当地公安部门的批准。该条例首次强化了农村人口向城市转移的限制性政策，强化了人口流动的限制，标志着城乡二元制度的正式确定。以《户口登记条例》为核心，定量供给商品粮油制度、劳动就业制度以及医疗保险制度的建立，使整体利益往城市户籍人口倾斜。起初以构建社会秩序为目标的户籍制度，在文化传统及发展战略选择的路径依赖中，逐渐演化成为社会控制、资源配置、利益再分配的手段（陆益龙，2002）。

伴随1977 年的高考制度重启，1978 年的改革开放，农村劳动力向城市流动的巨大制度性阻碍开始松动，但是，中央政府对于户籍制度的改革不敢"大动干戈"，只能"摸着石头过河"。高考这一选拔人才的制度重启，为农村人口实现"鲤鱼跳龙门"提供了一条道路，但户籍制度最开始的改革主要是为了重视人力资本，吸引人才进城而开辟的，并不是针对广大的农村劳动力。

1982 年，中共中央历史上第一个一号文件提出包产到户，包干到户都是社会主义集体经济的生产责任制，鼓励农民多种经营。这使农村的生产力爆发，农村开始出现大量剩余劳动力，大量农村人口开始涌入城镇进入非农生产部门。1984 年10 月，《关于农民进入集镇落户问题的通知》规定，凡申请到集镇务工、经商、办服务业的农民及家属，在城镇有固定住所，有经营能力，或者在乡镇企业事业单位长期务工的，公安部门应准予落常住户口，统计为"非农业人口"。这是户籍制度松动后的第一个规范性文件，使农民进城落户成为可能。

1992年年初，全国各地几乎都开放了农产品价格控制，使农产品开始市场化，粮票制度取消。与此同时，城市的基础设施建设加快，需要大量的劳动力，带动了劳动力大规模流动。1994年，《农村劳动力跨省流动就业管理暂行规定》对劳动力流动进行了引导，促进了中国劳动力市场的快速发展。

2001年5月，《关于推进小城镇户籍管理制度改革的意见》指出，凡在县级市市区、县人民政府驻地镇及其他建制镇有合法固定的住所、稳定的职业以及生活来源的人员及与其共同居住的直系亲属，均可以办理城镇户口。至此，全面放开小城镇户籍制度开启。然而，小城镇户口的吸引力毕竟有限，部分农民在进城落户的同时，也会损失在农村相应的土地权益。虽然有部分农民举家搬迁到小城镇，但是大规模的农民仍然首选到大城市务工。

2014年7月，《关于进一步推进户籍制度改革的意见》提出，取消农业和非农业户口，建立城乡统一的户口登记制度，被看作"破解城乡二元结构、推进新型城镇化的新起点"。随后，居住证制度的出台为常住人口在城市享有的社会福利以及公共服务提供了一定的保障。在此基础上，深圳、广州、杭州、上海、北京等大城市、超大城市开始实行积分落户制度，但是积分落户门槛较高。积分落户制最终演变成了大城市"抢人才"的大战，而不是为了解决农村转移劳动力在城市享有公共服务均等化的问题。

时至今日，户籍制度的改革仍在路上。但是户籍制度从最开始作为"管理登记体制"，到后来的"控制体制"，到逐步回归到"管理登记体制"将成为必然的趋势。城乡公共服务的均等化将成为户籍制度彻底回归本来属性的一个终结点。

第二节　农业转移人口的总体特征

随着中国城镇化的持续推进，农村剩余劳动力的规模逐渐减少，劳动力生产要素价格也逐渐提高。越来越多的人意识到新型城镇化的核心是"人的城镇化"，也就是农业转移人口的市民化。因此，无论是在政策层面，还是在实际操作层面，农业转移人口的社会地位、经济状况以及福利保障也在逐渐提高。加之，目前正处于新旧农民工交替的时期，农业转移人口的总体特征发生了较大改变，无论是在总量和增速上，还是在流出流入地分布、工资收入、基本公共服务以及社会融合等方面都与以往不同。本节主要根据2010—2019年的农民工监测调查数据，试图对当前农业转移人口的总体特征进行描述，为后文的研究奠定基础。

一　农业转移人口总量及增速

经过20多年持续大规模转移后，我国农村剩余劳动力数量和剩余程度相对于20世纪90年代已经大幅降低。虽然目前农业转移人口的总量仍在增加，但是增速却有所下降。根据2010—2019年农民工监测调查数据显示，2010年全国农民工总量为24223万人，2019年增加到29077万人，增加了4854万人；但是增长率从2010年的5.4%下降为2019年的0.8%（见表1-1和图1-1）。

表1-1　　　　　　2010—2019年农民工总量及增速

年份	总量（万人）	增速（%）
2010	24223	5.40
2011	25278	4.40
2012	26261	3.90
2013	26894	2.40
2014	27395	1.90

续表

年份	总量（万人）	增速（%）
2015	27747	1.30
2016	28171	1.50
2017	28652	1.70
2018	28836	0.60
2019	29077	0.80

资料来源：2010—2019 年农民工监测调查报告。

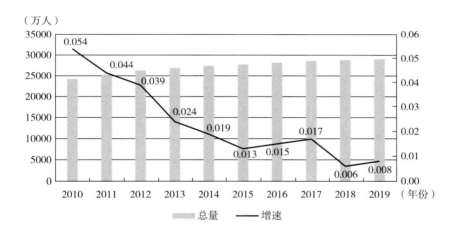

图 1-1　2010—2019 年农民工总量及增速

二　农业转移人口的输出地与输入地分布

2012—2019 年东部地区输出的农民工数量逐年下降，而中西部地区输出的农民工数量逐年上升。但从整体来看，从东部地区流出的农民工数量多于中部地区和西部地区（见图 1-2）。与输出地情况相似，2012—2019 年输入东部地区务工的农民工数量远高于中部和西部地区。这主要是因为东部地区经济发达，产业聚集和人口聚集程度更高，农民工有更多的就业机会。但是随着近几年国家支持中西部地区发展，沿海地区企业用地用工成本提高，在一定程度上出现了人口向中西部地区转移的现象，东部地区的农民工数量整体上呈现出下降的趋势，而中西部地区农民工数量却呈现出不断上升的趋势（见图1-3）。

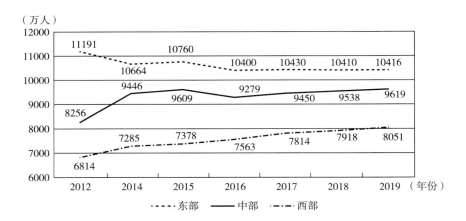

图1-2 按照输出地划分农民工数量

资料来源：2012—2019年农民工监测调查报告。

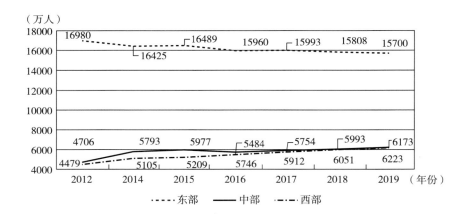

图1-3 按照输入地划分农民工数量

资料来源：2012—2019年农民工监测调查报告。

随着中西部地区经济的不断发展，吸纳能力逐步增强，以及东部地区生活成本不断提高，越来越多的中西部地区农民工选择省内流动。自 2015 年开始，省内流动的农民工的比例均不断上升。① 不仅如此，农民工更加倾向于到地级市以上的城市务工，2015 年流入地级以上城市的农民工 11190 万人，占当年外出农民工总量的66.3%。尤其更倾向于流入到京津冀、江浙沪、珠三角等经济发展程度较高的地区。2019 年在京津冀地区务工的农民工 2208 万人；在江浙沪地区务工的农民工 5391 万人，在珠三角地区务工的农民工4418 万人。在这三个地区务工的农民工占当年农民工总量的 41%。

三 农业转移人口的性别、年龄、受教育水平等个人特征

进城务工的农业转移人口大多数从事制造业、建筑业、交通运输、邮政业等行业，而这些行业对于男性的需求多于女性，而且对于体力劳动的需求较大，因此进城务工的农业转移人口以青壮年男性为主。如表 1-2 所示，农民工中男性占比超过 65%，其中，40岁以下的占比超过 50%。但是近年来，进城务工的农民工性别以及年龄结构均在一定程度上发生了变化。其中，男性的比例呈现出下降的趋势，而平均年龄呈现出上升的趋势。2019 年男性占比为64.9%，比 2014 年下降 2.1 个百分点；2019 年农民工的平均年龄为 40.8 岁，比 2014 年增长约 2 岁，40 岁以下占比从 2014 年的57.5% 下降至 50.6%，下降超过 6 个百分点；从学历水平来看，进城务工的农民工的平均学历水平有所增加，2014—2019 年高中及以上学历水平的农民工占比不断上升，从 23.8% 上升至 27.7%。

表 1-2　　　　　　　　农民工的个人特征情况　　　　　　单位：%、岁

年份	男性占比	平均年龄	40 岁以下占比	高中及以上学历占比
2014	67.00	38.3	57.50	23.80
2015	66.40	38.6	55.20	25.20

---

① 根据 2015—2019 年农民工监测数据：2015 年跨省流动农民工 7745 万人，比上年减少 122 万人，下降 1.5%；2016 年跨省流动农民工 7666 万人，比上年减少 79 万人，下降 1%；2017 年省内流动农民工 9510 万人，比上年增加 242 万人，增长 2.6%；2018 年省内就业的农民工 9672 万人，比上年增加 162 万人，增长 1.7%；2019 年省内就业的农民工 9917 万人，比上年增加 245 万人，增长 2.5%。

续表

年份	男性占比	平均年龄	40岁以下占比	高中及以上学历占比
2016	65.50	39.0	53.80	26.40
2017	65.60	39.7	52.40	26.40
2018	65.20	40.2	52.10	27.50
2019	64.90	40.8	50.60	27.70

资料来源：2014—2019年农民工监测调查报告。

　　农业转移人口个人特征的不断变化，说明农民工群体结构已经在逐渐发生变化，由过去的老一辈农民工逐渐向新一代农民工转变。新生代农民工主要体现出学历水平较高，初次进城务工的年龄较长，主要从事制造业与服务业工作等特征。未来随着城市服务业的发展，从事服务业的农民工人数增加，进城务工的女性也会进一步增加。

四　农业转移人口的行业分布与收入

　　进城务工的农业转移人口主要从事非农工作，其中第二产业主要包括制造业和建筑业，第三产业主要包括住宿、餐饮、交通运输、仓储和邮政相关、居民服务、修理等服务业，如图1-4所示。细分行业来看，从事制造业和建筑业的农业转移人口比例相对较高，2019年分别占比为28%和19%（见图1-4）。从收入分布来看，从事交通运输、仓储和邮政业相关职业、制造业和建筑业的农业转移人口月收入相对较高（见图1-5）。

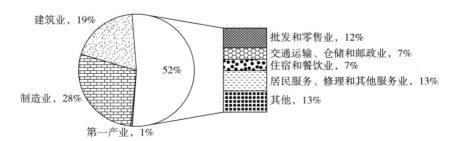

图1-4　2019年农民工从事的行业分布情况

资料来源：2019年农民工监测调查报告。

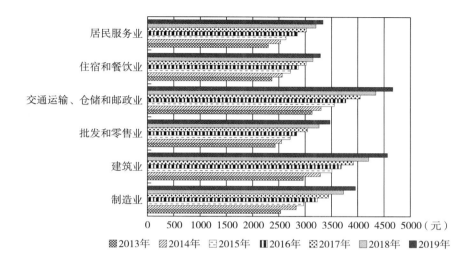

图 1 - 5 农民工分行业月平均收入

资料来源：2014—2019 年农民工监测调查报告。

从纵向的收入增长来看，2013 年，农民工的月平均收入为 2537 元，2019 年上涨至 3962 元，增加了 56.2%，年平均增长率为 9.37% 左右。其中，2013—2019 年，从事各行业工作的农业转移人口的收入均实现了增长，收入最高的行业为交通运输、仓储和邮政业，2019 年从事该行业的农业转移人口月平均收入为 4667 元，较 2013 年增长 48.96%，主要是由于近年来快速发展的电子商务拉动的。制造业的农民工月收入增长率最高，2019 年较 2013 年增长了大约 56.01%。

从目前农业转移人口工资水平大幅上涨，所从事行业分布的变化，可以认为我国农村剩余劳动力已经从最初的全面过剩，进入总量过剩、结构性短缺的阶段。

五 农业转移人口享有的基本公共服务

住房问题是外出务工农民工最难解决的问题之一，为了获得更高的务工收入，农民工理性选择到大城市、特大城市务工，而大城市、特大城市的房价高，居住成本也相对较高，城市的公租房、廉租房很难覆盖非户籍人口。不少农民工为了节省住房成本，选择居住在简易的工地工棚或者群租，居住条件简陋，人均居住面积狭小。

2015—2019 年农民工监测调查数据显示，虽然住房问题对农民工而言是最难解决的问题，但是情况也不断改善。首先，人均居住面积逐年提高。2019 年农民工人均居住面积 20.4 平方米，比上年增加 0.2 平方米。其中，500 万人以上城市中，人均居住面积 16.5 平方米，比上年提高 0.6 平方米；在 300 万—500 万人口城市人均居住面积为 19.7 平方米，比上年提高 0.3 平方米。其次，购买商品房和享受保障性住房的比例有所增加。2018 年购买务工地商品房的比例占到 17.4%，2.9% 的农民工享受保障性住房。不仅如此，居住的条件设施也有了极大的改善。农民工的住房中有洗澡设施的占 82.1%，比上年提高 1.9 个百分点；使用净化处理自来水的占 87.7%，比上年提高 0.7 个百分点；独用厕所的占 71.9%，比上年提高 0.5 个百分点；能上网的占 92.1%，比上年提高 2.5 个百分点；拥有电冰箱、洗衣机、汽车（包括经营用车）的比重分别为 63.7%、63.0% 和 24.8%，分别比上年提高 3.6 个、4.6 个和 3.5 个百分点。①

此外，农民工随迁子女的义务教育问题也在很大程度上得到了解决。2019 年，99.5% 的义务教育阶段的随迁子女接受到了教育，其中 80% 以上进入了公办学校就读。

六 农业转移人口的社会融合

社会融合是衡量农业转移人口市民化的一个重要维度。农业转移人口只有真正意义上融入城市，认为自己就是城镇居民，在城镇的生活满意度高，他们才能定居安定下来，为城镇的经济发展做出持续的贡献。反之，容易在城乡之间徘徊，不利于实现真正意义上的城镇化。

①　资料来源：2018 年农民工监测调查报告。

2016—2019 年农民工监测调查显示，整体而言，农业转移人口的社会融合程度有所提高，2019 年进城农民工中，40% 认为自己是所居住城市的"本地人"，比上年提高 4.4 个百分点。分城市规模来看，城市规模越大，农业转移人口的归属感越低，2018 年在 500 万人口以上的大城市中，仅 16.8% 左右的农民工认为自己是本地人。主要因为大城市的户籍门槛、房价、生活成本等过高，农民工难以真正在大城市立足，所以他们的身份认同感偏低。加之，近几年来特大城市限制人口政策，如北京、上海等地通过教育限人，北京清理低技能人口等，更加剧了在这些城市务工农业转移人口的内心隔阂。

事实上，由于城市的经济发达、生活文化多元，对于多数农业转移人口而言，在城市生活的满意度要高于在农村生活的满意度。甚至不少研究发现，农业转移人口在城市的生活满意度整体上要高于城市居民。2019 年农民工监测调查数据显示，对本地生活非常适应和比较适应的占 80.6%。其中，20.8% 表示非常适应，仅有 1.1% 表示不太适应和非常不适应。

第三节　本书的理论意义与实践价值

已有关于市民化的研究大多集中在对案例和现象进行定性的分析上，少数是从微观经验角度展开的，而且研究中仍存在诸多问题和争议亟待解决。这使我们对农业转移人口市民化的总体情况、内在规律以及发展前景缺乏深刻的认识。本书主要在系统回顾人口流动相关政策、总结农业转移人口当前的总体特征以及梳理已有关于农业转移人口市民化相关研究的基础上，基于现有的微观家庭调查数据对农业转移人口以及城镇居民进行深入对比研究，分析当前农业转移人口所面临的现实困境、市民化的福利效应，并在此基础上提出市民化的路径选择，具有十分重要的理论意义与实践价值。

一　理论意义

当前有关农业转移人口市民化的研究，大多建立在对已有的案例和现象描述的定性研究基础上，缺乏系统的、基于微观数据的定量分析和比较研究。这使我们对农业转移人口市民化的总体情况、内在规律以及发展前景缺乏深刻的认识。

真正意义的市民化不仅包括农业转移人口进入城市生活务工，更重要的是进城农民是否能真正意义上融入城市，在身份、地位、价值观念以及生活生产方式等各个方面和城镇居民没有本质区别。农业转移人口市民化过程必须经历以下三个过程：第一，选择最优的迁移模式进入城镇，并找到相对稳定的工作；第二，在这份相对稳定的工作基础上，建立起自己的社交网络，从而建立与本地居民的社会联系，逐渐形成与本地居民相近的价值观；第三，享受和本地市民相同的基本公共服务保障以及其他的民主政治权利等，从而获得与本地居民相同的社会地位，进而从经济社会地位和心理层面上完全融入城市。也就是说，农业转移人口市民化包括三个递进的层次：经济层面的进入与立足、社会层面的参与和适应以及文化心理层面的认同与融入。

本书在基于农业转移人口总体特征的基础上，从这三个维度出发研究农业转移人口市民化过程中所面临的现实困境，对市民化现状、问题以及路径进行研究，具有重要的理论意义。

二　实践价值

对于农业转移人口市民化问题进行研究，其现实意义主要体现在以下几个方面：

其一，有利于城乡二元结构转型，促进社会公平。在我国城镇化过程中，由于户籍制度的存在，以及附加在户籍制度上公共服务差异，使大部分农业转移人口仅仅实现了工作类型的转换，却并没有从真正意义上成为城市市民。在实践中，城镇化与市民化不但无法保持连续性，反而出现了割裂，加之城镇劳动力市场上存在的户籍歧视，使农业转移人口与城镇居民在就业机会以及工资收入上均存在较大的差距，导致了大量农业转移人口无法真正融入城市。因此，本书对于农业转移人口市民化问题进行研究，有助于我国城乡二元结构的转型，对促进社会的公平具有较强的实际意义。

其二，有助于提高公共服务供给水平，加强民生建设。从本质上看，农业转移人口与城镇居民基本公共服务非均等化问题，是公共财政职能缺位的一种重要表现。这种职能缺位的内在体制性因素主要是，依附于户籍制度的社会福利体制和公共服务制度的缺陷。本书的研究探讨了农业转移人口与城镇居民在就业、住房、养老、医疗等公共服务上的差异，并在此基础上提出了政府该采取何种措施来确保公共服务均等化的政策建议。对于加强对农业转移人口的民生建设，提高社会的公共服务水平具有重要的意义。

其三，有助于选择合理的市民化路径，提升市民化政策的可操作性。农业转移人口市民化是一个系统性工程，城镇化不等于同时完成了市民化，市民化是"有序推进"的动态渐进过程，考虑到当前农业转移人口规模大、市民化程度低、面临障碍多，而且对于不同类型的农业转移人口，由于自身特点、面临障碍、市民化意愿和现实需求的不同，实现市民化的目标、路径和措施也将具有较大差异。

为此，本书在设计市民化合理的成本分担机制以及中央政府对地方政府有效的激励体制后，提出走中国特色的城镇化道路，推进农业转移人口市民化，需要选择"因地制宜"与"因人施策"的市民化路径。综合考虑不同规模的城市在经济和社会发展水平上的"空间差异"，不同农业转移人口的需求层次不同，建议采取差异化的市民化路径来有序地推进市民化的进程。

第四节　本书的主要内容与研究方法

一　主要内容

本书的研究内容共分为八章，具体研究内容如下：

第一章是本书的背景与意义介绍部分。主要对于人口流动相关政策进行了历史回归，当前农业转移人口的总体特征进行了描述，并介绍了本书的主要内容、研究方法、主要贡献与创新。

第二章是农业转移人口市民化研究的理论基础以及研究前沿。主要对已有关于市民化问题的研究文献以及相关的理论基础进行了系统回顾。理论基础以及文献回顾的思路主要是根据后面章节的具体内容展开，主要包括市民化与二元经济理论、基本公共服务、福利效应以及国外有关移民同化的研究等方面。本章在对现有与市民化相关的经济理论进行回顾，以及对现有文献进行系统梳理与评述的基础上，不但确定了本书在有关市民化研究领域的理论与现实意义，而且明确了接下来主要从哪些具体的点切入进一步深入研究。

第三章和第四章主要研究农业转移人口市民化过程中面临的现实困境。具体而言，第三章主要基于 2010 年的中国家庭追踪调查数据集（CFPS 2010），采用对比研究方法，对比分析农业转移人口与城镇居民享有基本公共服务的现实差距。从住房问题、非农雇用及社会保险参与率、老年人养老保险参与率等一系列反映公共服务覆盖水平的指标入手，对两者进行了系统的对比。第四章主要基于 2007 年和 2008 年的中国家庭收入调查数据集（CHIPS 2007 和 CHIPS 2008），探讨了农业转移人口与城镇居民就业机会的不平等以及面临的工资差距。一方面从静态的视角分析了农业转移人口与城镇居民在进入具体就业部门以及职业上的概率差异，重在分析农业转移人口与城镇居民在就业机会上的不平等；另一方面从动态的角度研究农业转移人口与城镇职工之间的工资差距，以及农业转移人口的职业分布随时间变化的情况，重在分析农业转移人口能否通过延长迁移时间完全融入城市，实现市民化的问题。

第五章和第六章主要分析了市民化的福利效应。从福利效应的基本理论出发，本章从主客观角度分别选取了生活满意度以及收入水平两个指标分别来衡量农业转移人口在精神和物质层面的福利效应水平，并采用理论分析的方法讨论这两个指标在衡量福利效应上的差异性。将户籍身份的转换作为市民化的"标识"，基于 2010 年和 2012 年的中国家庭追踪调查数据（CFPS 2010 和 CFPS 2012），采用倾向得分匹配与双重差分相结合的方法（PSM – DID），分析了 2010 年与 2012 年之间实现市民化的农业转移人口在收入水平以及生活满意度上的变化情况。由此，来判断市民化的福利效应。

第七章主要研究了农业转移人口市民化的路径选择问题。政府推进农业转移人口市民化的本质是政府对公共资源和服务的重新配置。首先，对有关市民化现状的客观事实进行总结，为市民化的路径选择提供现实指导；其次，分析市民化问题的内在逻辑，从更深层次的角度剖析市民化问题的本质；再次，从体制层面来发现市民化政策面临的约束，并提出相应的保障机制；最后，在市民化的客观现实、内在逻辑以及体制保障的基础上，根据市民化的主体——农业转移人口的不同类型、城市规模及等级和政策内容等，提出采取差异化的市民化政策，明确以"因人施策"和"因地制宜"为核心的市民化路径。

二　研究方法

本书主要以国内外相关文献和现有公开的微观调查数据库为基础，对农业转移人口市民化的现状、困境、福利效应，以及市民化的成本分担机制、中央政府的财政激励体制设计和市民化的路径选择等问题进行深入研究。在具体的研究过程中，综合采用了文献分析法、理论分析法、描述性统计法、计量分析法等，具体地：文献检索和分析是本书研究工作开展的前提，它有助于全方位地把握已有的研究成果，为具体的研究工作提供理论参考和研究思路。本书选题的确定、研究框架的建立以及实证方法的选择都离不开对国内外移民社会融合、国内农业转移人口市民化相关理论的归纳和总结。例如，在农业转移人口的工资差距及工资同化上，本书借鉴国际上已有的移民同化研究框架，基于扩展的明瑟方程，来研究农业转移人口与城镇居民的工资差距随迁移时间动态变化的情况。在考虑市民化的福利效应时，本书基于经典的福利经济学研究框架，合理地选择个人福利效应的衡量指标，最终确定了将个人收入水平和生活满意度两者分别作为个人福利效应在物质层面和精神层面的衡量指标。理论分析方法有助于本书对市民化问题进行更为深入的研究，有助于理解市民化的内在逻辑线索，寻找推行市民化政策的合理路径。在本书的具体研究过程中，理论分析方法的运用几乎无处不在。例如，在第二章中，详细分析了刘路易斯的二元经济理论与我国现有的二元经济的内在差异；分析了基本公共服务均等化理论在市民化问题中的重要地位；福利经济学框架如何在市民化研究中运用等。在第四章中，本书采用国外移民同化的理论框架，研究农业转移人口与城镇居民的工资同化问题，并深入分析内在的影响因素。在第五章中，本书采用 Frey 和 Stutzer（2002）的理论框架，分析收入水平及生活满意度在刻画福利水平上的差异性。第六章中，本书采用委托—代理理论研究中央政府与地方政府在市民化问题上的博弈关系等。理论分析的方法是本书在研究过程中采用的最基本的研究方法之一。描述性统计方法是对数据进行整理和描述性分析的方法，通常采用表格、曲线以及图形等来反映统计数据的客观特征，使数据更容易理解。本书采用的微观调查数据库主要是中国居民收入调查数据库（CHIIPS）以及中国家庭追踪调查数据库（CF-PS），其中涉及家庭和个人样本较大，需要采用描述性统计方法对样本中个人基本特征、工作信息、家庭信息、居住与生活情况、农村老家情况、个人主观评价等多个方面的数据进行初步统计分析。这样有利于在展开具体深入研究前，把握一些客观基础事实。文中关于农业转移人口公共服务困境的研究章节，也主要是采用描述性分析方法对农业转移人口与城镇居民的具体公共服务指标进行的对比分析。在其他章节中，在建立具体的计量模型之前，也对所选择的样本和变量进行了描述性的统计分析。基于 CHIPS 和 CFPS 微观调查数据库，本书分析了农业转移人口与城镇居民在城镇劳动力市场上面临的就业机会差异和工资差距等问题，同时还分析了农业转移人口发生户籍身份的转换（从农业户籍转化为非农户籍），实现市民化所产生的福利效应。在分析农业转移人口与城镇居民在部门进入及职业选择问题时，本书主要采用了多元 Probit 模型；在研究农业转移人口与城镇居民的工资差距以及工资同化问题时，本书基于扩展的明瑟方程框架，建立多元 OLS 模型估计迁移时间对两者工资差距的影响。在对多元 OLS 模型进行估计之前，采用了 Heckman 两步法有效地处理了模型中可能存在的内生性问题；在探讨市民化的福利效应时，本书将农业转移人口户籍身份的转换视为自然实验，采用倾向得分匹配与双重差分相结合的方法（PSM – DID），系统地检验了市民化对农业转移人口的收入水平以及生活满意度的影响。

第五节　本书的主要贡献与创新

本书通过对以往国外有关移民同化以及国内农业转移人口市民化的文献进行梳理发现，现有的研究存在以下几个方面的不足：

第一，现有关于农业转移人口市民化中公共服务方面的研究存在碎片化问题，缺乏系统性研究。大多研究仅从理论上分析了农业转移人口市民化过程中面临的基本公共服务不均等化问题以及产生该问题的根源。第二，以往的研究主要基于一个静态的时间上，分析农业转移人口面临的就业收入不平等问题，极少有研究从动态的角度出发，探讨一个时间跨度内，这种就业收入不平等现象的变化趋势。第三，研究者更多的是关注市民化现状、成本以及路径选择等问题，对于市民化所带来的福利效应仅仅停留在理论分析的层面，缺乏经验分析。第四，现有的研究对推进市民化所面临的约束以及市民化的路径选择上，大多仅停留在市民化成本以及具体问题具体分析上，缺乏更为宏大的视角，进行高度的分析、概括和总结。

基于已有研究的不足，本书尝试着对这些不足之处进行补充，为深入了解农业转移人口市民化问题，丰富有关市民化的研究内容做出边际贡献。本书的创新点可以归纳如下：

第一，从微观视角出发，研究公共服务不均等问题。基于微观调查数据的大样本，阐述了农业转移人口市民化过程中面临的现实困境，并从经验角度研究了产生这些困境的原因。具体地，对比分析农业转移人口与城镇居民在基本公共服务上的差距，并在微观数据研究得出的结论基础上，提出了有关公共服务均等化的市民化路径。

第二，采用静态与动态研究相结合的研究方法。在以往静态研究的基础上，从动态的角度出发，探讨一个时间跨度内，农业转移人口与城镇居民的就业收入不平等现象的变化趋势。同时，从部门、行业等多个维度出发，综合分析就业不平等的现象。从横向和纵向的角度，同时展开对农业转移人口在就业市场上面临的就业不平等和工资差距问题的研究。

第三，从福利经济学视角研究市民化问题。将农业转移人口户籍身份的转变作为市民化最重要的一个"标识"，克服了以往研究中将户籍类型视为恒定不变变量的缺陷。本书重点关注发生户籍身份转变的农业转移人口，把户籍身份的转变视为农业转移人口市民化的自然实验，采用 PSM – DID 方法，从客观的工资收入以及主观的生活满意度层面同时研究了市民化的福利效应。

第四，对市民问题的客观事实和内在逻辑进行了总结，在此基础上，基于财政视角分析了市民化面临的约束，并将体制性保障作为市民化路径选择的前提条件。在结合市民化的客观事实、内在逻辑以及体制保障的基础上，提出了以"因人施策"和"因地制宜"为核心的市民化道路。

第二章

农业转移人口市民化的
相关理论与方法研究

第一节　相关概念的界定

一　农业转移人口

农业转移人口是一个相对宽泛的概念，既指农业人口向农业部门内部的转移，如种植业转向养殖业等；也指从农业部门向其他部门的转移。本书对于农业转移人口市民化的研究，研究的主体是从农业部门转移到其他非农部门的农业转移人口。具体地，指从农村进入城镇务工，从农业部门转移到非农部门的农业人口，它是传统农业转移人口的一个部分，与工业化、城镇化以及农业机械化的进程密不可分。

这部分农业转移人口也是通常所说的进入城镇务工的农民工，他们离开了农村进入城镇，从事第二、第三产业的工作，离开了农村的同时也离开了土地。由于专业技能的缺乏，他们在城镇劳动力市场的竞争中处于弱势地位，只能从事高强度、低报酬的工作。同时，由于我国城乡二元户籍制度的限制，这部分农民即使在城镇工作，也无法获得城镇户籍，无法享受与当地城镇户籍人口相同的基本公共服务和社会福利。这部分农民群体是我国现有的政治制度和社会制度下特有的产物，他们在城镇地区务工，为城镇的建设和发展做出了巨大的贡献，成了我国城镇建设和经济发展的主力军，但是不能享受与城镇居民相同的福利和待遇。对这部分社会群体进行研究，不仅有助于了解当前中国经济发展的特殊阶段以及所存在的问题，也有助于改善民生，促进社会公平的实现。

二 市民化

市民化的对象是在城镇地区务工的农业转移人口，也就是通常所说的农民工。目前，学术界对于市民化概念的界定主要分为两个大类：一类是从一般意义上界定农业转移人口市民化，另一类则是从狭义和广义两个角度来分析农业转移人口市民化的内涵。

一部分学者从一般意义上对市民化概念进行界定，主要是从人口转移、职业转变以及自身素质发展这三个维度切入。如黄泰岩等（2004）认为，农业转移人口市民化主要指农民身份向市民身份的转换，这种转换不仅体现在身份形式上，而且体现在意识形态、思维方式以及生活、生产方式上；刘传江等（2009）认为，农业转移人口市民化的内涵是指农业转移人口进入城镇后在从事职业、社会身份、自身素质以及意识行为这四个层面的转变；魏后凯和苏红键（2013）则认为，农业转移人口市民化不单只是获得了城市户籍，而是农业转移人口在经历城乡迁移和职业转变的同时，获得城镇永久居住身份、平等享受城镇居民各项社会福利和政治权利，完全融入城镇的过程。

另一部分学者主张分别从广义和狭义两个角度来认识和厘清农业转移人口市民化的概念和内涵。狭义的市民化主要是指农民身份的转变，通过户籍的转换实现从农民到市民，并依法拥有市民权利的过程，包括居留权、受教育权、选举权以及社会保障权等。而广义的市民化不仅包含农民实现户籍身份的转换，从而拥有市民权利的过程，而且还应包含市民意识的转换，在生产生活方式、意识形态以及价值观念等各个方面向城市市民全面转换的过程（陈映芳，

2003；Auvachez，2009）。杨风（2009）认为，广义的市民化主要是指，借助于工业化和城市化的推动，使传统农民的身份、地位、价值观念、社会权利以及生活生产方式等向市民转变，从而实现城市文明的社会变迁过程。张乃仁（2016）认为，广义的市民化过程应该包含三个递进的层次：首先，农民进入城镇找到相对稳定能维持生计的工作；其次，在城市的经济地位提升，通过户籍转换获得市民的身份和权利，并在自身素质以及文化素养上有所提高的过程；最后，农业转移人口达到自我认同以及融入城市社会。

三　城镇化

城镇化是指一个国家或地区随着社会生产力的发展、科学技术的进步以及产业结构的调整，其社会以农业为主的传统农村型社会向以工业和服务业为主的现代城市型社会逐步转变的历史过程。城镇化是一个国家现代化的必由之路，也是人类文明进步的重要标志之一。

城镇化过程包括人口职业的转变、产业结构的转变、土地及地域空间的变化。关于城镇化的定义，国内外不同的专家学者分别从人口学、地理学、经济学以及社会学等方面给出了不同的定义。经济学家从地区生产力的角度出发，对地区的经济结构和相关产业发展水平进行研究，将城镇化过程看作社会生产方式经济结构的自然转型，从传统的以农业为主导的经济结构自然过渡到以工业和服务业为主导的经济结构过程。经济结构的转型必然伴随人口的流动、生活生产方式的改变以及社会价值观念的变化等。地理学家从城市和农村的关系以及城市的区域面积的视角出发，认为城镇化是农村人口不断迁往城市，城市人口和面积不断扩大的过程。在这个过程中，部分农村的土地转化为城市土地。人口学家和社会学家从人口迁移的角度着手研究，认为城镇化是人口从农村地区迁移到城镇地区的过程，具体表现为农村剩余劳动力转移，城镇人口规模不断扩大。或者根据当地的生活和生产方式来判断，认为从传统的农业生活生产方式转变成为城市生活方式的地区实现了城市化。

根据国家统计局统计，2019 年我国城镇常住人口 84843 万人，占总人口比重（常住人口城镇化率）为 60.6%，比 2018 年年末提高 1.02 个百分点；户籍人口城镇化率为 44.38%，比 2018 年年末提高 1.01 个百分点。自改革开放以来，我国城镇化的进程取得了巨大的成就，从 1978—2019 年，我国城镇常住人口由 1.7 亿人增加到 8.5 亿人，城市数量由 193 个增加到 672 个，城市建成区面积从 1981 年的 0.7 万平方千米增加到 2015 年的 4.9 万平方千米。但是，过去传统粗放型的城镇化模式伴随着产业结构升级缓慢、资源环境恶化、社会矛盾恶化等诸多问题，使我国城镇化发展进入了以提高质量为主的城镇化发展新阶段。《国家新型城镇化规划（2014—2020)》指出，新型城镇化建设要遵循"以人为本、公平共享"的原则。合理引导农业转移人口的市民化，推进城镇基本公共服务常住人口全覆盖，不断提高人口素质。实际上，新型城镇化更多地强调农业转移人口的市民化，以人为核心。城镇化的发展需要依靠人，而发展的成果享有者也是人，以人为核心才是城市建设和发展的本质。新型城镇化不仅是物的城镇化，更重要的是人的城镇化。

四　基本公共服务

基本公共服务是指建立在一定社会共识基础上，根据一国经济社会发展阶段和总体水平，为维持本国经济社会的稳定、基本的社会正义和凝聚力，对于基本公共服务统一的判断准则，目前学术界还没有一个明确一致的看法。常修泽（2007）认为，基本公共服务是提供就业服务和基本社会保障等"基本民生性服务"，主要包括三个方面内容：义务教育、公共卫生、基本医疗和公共文化等"公共事业性服务"，公益性基础设施和生态环境保护等"公益基础性服务"以及生产安全、消费安全、社会安全、国防安全等"公共安全性服务"。陈昌盛（2008）认为，基本公共服务指维护本国经济社会稳定、基本的社会正义和凝聚力，保护个人最基本生存权和发展权所必须提供公共服务的最小范围和边界。曾红颖（2012）认为，基本公共服务的范围可以划分为：社会保障和就业、公共教育、医疗卫生、公共管理、文体传媒、环境保护、城乡社区、公共安全以及交通运输九个方面。关于基本公共服务范围的界定的讨论还远未停止，不同的历史时期，我们对社会的认识以及社会问题的理解深度也不同，因此对公共服务的要求也不同。所以，我们距离对公共服务完整而清晰的定义还有相当长的一段路。目前，根据学者的研究讨论，我们大致可以将公共服务的范围界定在以下四个方面：一是基本民生性服务，如养老保障、就业服务以及社会救助等；二是公共事业性服务，如公共卫生、公共教育、医疗保障、科学技术等；三是公益基础性服务，如公共设施、环境保护以及生态维护等；四是公共安全性服务，如社会治安、消费安全以及国防安全。

基本公共服务中，"公共"说明提供的公共服务应该具有公共产品的特性，在使用上具有非竞争性和非排他性的产品。是由我国政府在其能力和职能范围内提供的，与当期社会发展程度和政府财政支出能力紧密相关的服务型产品。从公共服务的内在属性可知，公共服务的分配和使用不应该具有区域之分、城乡之分以及身份之分等。因此，公共服务均等化的问题引起了专家学者的广泛关注。公共服务均等化的重点在于"均等化"，何为"均等化"？学者从基本权利均等、机会均等以及财政均等角度进行了阐释。但目前，我国区域间、城乡间以及不同社会阶层间的基本公共服务均等化问题都十分棘手，如何协调解决该问题成为当前社会关注的焦点。

特殊的历史时期造就了我国特有的城乡二元分割，使基本公共服务和户籍制度紧密联系，导致城镇化进程中，外来的农业转移人口与城镇的本地居民在享受公共服务上存在难以逾越的鸿沟。无法享受与本地城镇居民相同的基本公共服务，使农业转移人口对城镇缺乏归属感，甚至导致了他们无法在城镇长久地定居。这将造成一系列的社会问题，激发社会矛盾，严重阻碍城镇化的进程以及中国经济的可持续发展。市民化的本质就是农业转移人口与本地城镇居民实现基本公共服务的均等化。2016 年《国务院关于实施支持农业转移人口市民化若干财政政策的通知》提出："强化地方政府尤其是人口流入地政府的主体责任，建立健全支持农业转移人口市民化的财政政策体系，将持有居住证人口纳入基本公共服务保障范围，创造条件加快实现基本公共服务常住人口全覆盖。"2019年国家发展改革委关于印发《2019年新型城镇化建设重点任务》的通知，提出："推进常住人口基本公共服务全覆盖。确保有意愿的未落户常住人口全部持有居住证，鼓励各地区逐步扩大居住证附加的公共服务和便利项目。"

第二节　人口迁移、公共服务均等化与福利效应相关理论研究

城镇化是一个国家经济和社会发展必须经历的重要阶段，是从农业化向现代化过渡的关键。美国城市经济学家诺瑟姆提出的城镇化发展的"S"形曲线理论，获得了经济学家的广泛认可。该理论将一个国家城市化的进程分为三个重要的阶段：第一阶段是城镇化发展的起步阶段，该阶段城镇化水平较低，发展较为缓慢。城镇人口占总人口的比重不超过25%，农业占国民经济的主导地位。第二阶段是城镇化发展的加速阶段，该阶段城镇化推进很快，人口向城市迅速聚集。第二产业成为国民经济的主导，第三产业的比重迅速上升，城镇人口占总人口的比重达到了60%—70%。第三阶段是城镇化发展的成熟阶段，该阶段城镇化水平较高，经济的增长主要依靠第三产业和高新技术产业来推动。城镇人口占总人口的比重超过了70%，城市人口比重增长缓慢或停滞。

20世纪80年代初，发达国家的城镇化水平大多数为70%—80%，达到了城镇化发展的成熟阶段。而根据国家统计局公布的数据，2019年我国常住人口城镇化率达到了60.6%，仍处于城镇化发展的加速时期。在这一时期，和处于该时期的世界上其他国家一

样，我国面临着城市交通拥堵、住房紧张以及环境恶化等问题。同时，由于我国特殊的户籍制度存在，户籍人口的城镇化率远低于常住人口的城镇化率，多数农业转移人口未获得城市户籍，其享受到的公共服务待遇和社会待遇与城镇居民相去甚远。不仅如此，农业转移人口的生活方式和社会认知方式与城镇居民也不尽相同，在城镇劳动力市场上面临歧视，难以真正地融入城镇，实现市民化。这种情况的持续将严重影响我国城镇化的质量和水平，需要及时改进。因此，农业转移人口市民化是我国加快推进城镇化的必然选择，是新型城镇化进程的核心所在。

一 二元结构理论

刘易斯的二元结构理论认为，在发展中国家，广泛存在以现代化工业为主的城市经济和以传统农业为主的农村经济，两者并存构成城乡二元结构。经济发展依赖于现代工业部门的扩张，而农业部门则为工业部门的发展提供丰富又廉价的劳动力。一般而言，发展中国家人口众多，但土地和资本却稀有，因而农业部门劳动力边际生产力低，大多数农业人口仅能够维持基本的生活水平，传统农业部门存在大量剩余劳动力。相反，现代工业部门的资本积累和技术进步能力较强，现代工业部门能够不断扩张，产生对劳动力的持续需求。由于生活成本以及其他原因，城镇地区的工资水平高于农村地区，传统农业部门与现代工业部门的工资收入差距，导致农业人口源源不断地流向城镇。刘易斯认为，发展中国家二元经济结构要经历两个重要的阶段，第一个阶段，资本积累与经济发展的收益归资本家所有，属于古典经济学阶段，农业部门向工业部门提供无限的劳动力供给，资本稀缺、劳动力资源丰富；第二个阶段，资本供给超过了劳动力的供给，劳动力开始稀缺，劳动力边际成本上升、工资上升，属于新古典经济学的发展阶段。

针对当前我国多数地方出现的"用工荒"现象，许多学者呼吁中国经济迎来了"刘易斯拐点"，这意味着中国廉价的劳动力成本优势即将消失。但是，相比较经典的刘易斯二元经济理论，中国的劳动力市场存在其自身的特殊性。在我国由于户籍制度的存在，城乡二元体制的阻滞，农村的剩余劳动力转移到城市，并不能直接转化为城市市民，而是经历了农民—农业转移人口（未获得城市户籍的农业转移人口）—城市市民这两个阶段三种状态的转变。而刘易斯的二元经济理论所刻画的是一个要素完全自由流动的市场，不存在劳动力从农村向城市流动的制度性障碍，农业转移人口的工资水平也是由劳动力市场的供求关系所决定的，不存在任何的垄断或歧视因素的影响。因此，中国城镇劳动力市场的分割以及由此带来的户籍歧视等因素的存在，导致刘易斯二元经济理论的前提假设不成立。

在刘易斯的模型中，由于城镇劳动力市场上不存在分割制度，无论是农业转移人口还是城镇居民，工资收入水平都是由于劳动力市场的供求关系以及行业的特征所决定。在其他个人特征都相同的情况下，农业转移人口与城镇居民从事相同的工作的劳动回报也应该相同。但是，城市的劳动力市场分割所带来的非竞争性因素使城镇居民获得了一大笔"制度租金"，从而使城镇居民的收入水平显著高于农业转移人口。随着户籍制度的不断改革与完善，政府逐渐减小了劳动力流动的制度性障碍，城镇劳动力市场开始朝完全竞争市场的方向转变，城镇居民获得的"制度租金"越来越少，农业转移人口的工资收入逐渐上升。这与由于农村剩余劳动力的减少、农业边际生产力提升、城市工业劳动力的需求、农业部门对劳动力的需求竞争，所导致的工资水平上升有本质的区别。

因而，现如今所观测到的农村剩余劳动力流入城镇后的工资上涨，并不是由于"刘易斯拐点"带来的，而是由长期扭曲的二元经济结构所导致的。二元经济结构扭曲的根源在于制度性阻碍，制度性阻碍不仅限制农村劳动力的自由流动，压低了农村劳动力的边际生产力，而且使大量农业转移人口进入城镇务工后，长期停滞在农业转移人口状态而未能市民化。农业转移人口市民化进程，实质就是实现城乡二元结构向一元化的现代经济结构转型的过程。农业转移人口的市民化不仅有利于城乡的统筹发展，而且能促进城镇化、工业化乃至整个现代化的健康发展。

二　基本公共服务均等化理论

基本公共服务均等化是指政府为社会成员提供基本的、与经济社会发展水平相适应的、能够体现公平正义原则的大致均等的公共产品和服务，保证人们生存和发展最基本的条件均等。基本公共服务均等化主要体现在以下四个方面：①基础性。就是确保每一位社会成员享有最基本的、最为迫切需要的公共服务。②可行性。指政府为每一位社会成员提供的基本公共服务要与当前的经济社会发展水平和政府财力相适应。③公共性。政府为每一位社会成员提供市场经济难以有效提供的、具有很强外部性的公共产品和服务。④普惠性。政府所提供的公共产品或服务要惠及社会每一位社会成员，共享社会发展成果。基本公共服务均等化是衡量我国经济发展的可行性标准，是可以具体量化的。只有实现了改革发展的成果由每一个社会成员共享，那么改革才算是成功的，才能推动社会的进步。

在我国特殊的国情条件下，城乡的基本公共服务存在较大的差距。长期以来，农村居民在公共卫生、就业保障以及社会福利等方面与城镇居民之间存在巨大的差距。但是，由于户籍隔离制度的存在，这种公共服务不均等化的矛盾得到了暂时的缓和。改革开放以后，人口的流动不再受到限制，城镇的高工资收入和基本公共服务吸引了大量的农业转移人口涌入城市，导致了城镇常住人口对公共需求快速、全面的增长同城镇所提供的公共产品短缺、基本公共服务不到位等问题之间的矛盾日益突出。同时，原本被压制的城乡之间基本公共服务不均等的问题也逐渐显现，城乡基本公共服务的沟壑加速了农业人口的流动，导致了农业转移人口对城镇公共服务需求的缺口短期内难以填补。

目前，我国处于经济发展的转轨时期，城市是经济增长的核心区域。农业转移人口作为城镇人口结构中的重要组成部分，为城市的发展与建设做出了巨大的贡献。但是，他们在城镇生活享有的基本公共服务却与城镇居民之间存在巨大的差距，缺乏就业保障、住房保障，甚至连随迁子女的教育问题都难以解决。他们始终作为一个庞大而又密集的群体，生活在城市的边缘地带，给社会的和谐发展带来了隐患。因此，确保农业转移人口享有基本公共服务的均等化，不仅是实现社会的公平公正问题，更是实现社会的和谐以及经济的可持续发展问题。

农业转移人口实现社会福利和基本公共服务均等化有助于推进市民化的进程。农业转移人口在城镇和城镇居民享有了相同的公共服务，不再受到歧视或区分对待，有利于他们快速地融入城市的生活，形成与城市市民相近的价值观以及社会认知。从本质上看，我国基本公共服务非均等问题，是公共财政职能缺位在经济社会发展中的一种表现。这种职能缺位的内在体制原因，集中体现在依附于户籍制度的社会福利体制和公共服务制度的制度性缺陷。因此，要实现农业转移人口市民化，必须尽快推进基本公共服务均等化建设。

三 移民迁移的自选择理论

早在 1932 年，Hicks 在研究工资理论时就提出，经济的净收益不同是移民迁移行为的主要动因。之后，基本上所有关于移民迁移行为的研究，都是在该理论上的扩展。移民迁移后的净经济收益，主要表现在来源地与迁移地之间的工资差距以及移民迁移的成本。该成本不仅包含迁移的经济成本（如迁移的交通费用，在迁移之后可能面临失业等），而且还包含感情成本（发生迁移后可能远离亲人和朋友）。对不同的人而言，迁移的收益和成本也不尽相同。只有当迁移的收益大于成本时，潜在的移民才会选择迁移。因此，当迁移地的工资水平下降，或者来源地的工资水平上升时，移民的数量就会下降。

在确定了移民迁移行为的机制后，学者开始对什么样的移民会选择迁移，也就是移民的自选择性感兴趣。尽管由于迁移的成本等限制，一个国家或一个群体内部仅有少数人会选择迁移，但这种迁移是一个非随机的行为，是潜在移民自选择的结果。Roy（1951）的职业选择理论模型被 Borjas（1987，1991）应用解释潜在移民迁移的自选择性问题中。Roy 的理论模型假定，在来源地的工资收入高于平均水平，且迁移后在迁移地的工资水平也高于平均水平的移民属于正向迁移；在来源地的工资收入低于平均水平，且迁移后在迁移地的工资水平低于平均水平的移民属于负向迁移。在极少数的情况下，比如来源地发生社会动乱或收入的重新分配时，在来源地的工资收入低于平均水平的技术工人，迁移之后在迁移地的工资收入可能高于平均水平。当来源地相对迁移地的工资回报率低以及收入不平等性低时，移民更多的是正向迁移；反之，更多的是负向迁移。Roy 模型表明既不是迁移的成本，也不是迁移地的平均收入水平，而是来源地与迁移地的相对技术回报率以及相对收入不平等程度决定了移民的自选择性。

尽管 Roy 模型在移民的自选择性问题的研究中被认为是权威的，但是在实际应用中却受到研究者的诟病，因为它在很多情况下都难以准确预测移民的技能水平与自选择性迁移方向的关系，Roy 模型提供的仅仅是一个局部均衡的框架。在 Roy 模型的基本假设中，认为移民仅占迁移地劳动力市场的一小部分，不足以影响迁移地的劳动力市场结构，因而对迁移地的工资水平没有影响。但是，现实中移民往往对迁移地的劳动力市场影响都很大，改变了迁移地的劳动力市场最优结构以及技能的组成。所以，需要在此基础上进一步讨论一般均衡。不仅如此，Roy 模型主要探讨的是移民来源地与一个迁移地两点之间的迁移，而在实际中，移民可能经历了从一个迁移地转移到另一个迁移地，或是从该迁移地回迁到来源地，又或是在来源地与迁移地之间反复地迁移等情况。在这些情况下，单纯地根据移民的技能水平、来源地与迁移地的收入不平等性来判断哪些移民最有可能迁移，可能会存在很大的偏差。

同样，在我国的城镇化进程中，大规模的农业人口从农村流向城市，也存在其自身的特殊性和复杂性。一方面，农业转移人口的规模巨大。截至 2015 年，农业转移人口占我国总人口的 20% 左右，而且绝大多数农业转移人口在城镇就业市场上扮演了重要的角色，对我国城镇劳动力市场造成了巨大的冲击。因而，我国农业转移人口的迁移自选择性，不再是完全根据自身的技能以及收入不平等性决定，而是有很大一部分地根据城镇劳动力市场的需求情况所决定。另一方面，由于制度性的阻碍，过去极少的农业转移人口在迁移之后能获得城市户籍，享有城市的基本公共服务。虽然，在城镇务工能获得更高的劳动报酬，但农村的土地才是他们最大的保障。因此，大部分农业转移人口选择在农村与城市之间过两地迁徙的生活，或超过一定的年龄之后返回农村生活，并没有真正成为城市的永久居民。因此，Roy 模型所描述的移民迁移自选择性理论，难以完全刻画我国城镇化进程中农业人口的迁移自选择性问题。但是，我们可以将该理论作为研究的出发点，综合考虑影响农业转移人口迁移的各因素，更为深刻、全面地揭示我国农业转移人口的迁移趋势、影响机制以及迁移的自选择性问题等。

四　移民同化的理论

国外有关移民同化的研究最早可以追溯到 Chiswick（1978）。在经济学领域，学者在研究移民同化的问题时，通常聚焦在经济同化上，也就是移民能否与本地居民实现工资的趋同。Chiswick（1978）观察到了美国内部的移民与本地居民之间在工资收入上存在一定的差距，而且这种差距与移民的来源国相关，与移民的迁移时间相关。因此，他提出了有关移民同化的理论假说，并采用实证研究的方法，对该理论假说进行了验证。

Chiswick 认为，工资收入在很大程度上与某些跟个人生产能力相关的特征挂钩，这些特征可能是从业证书、学位证书等。在迁移地的就业市场上，作为一种信号，有利于雇主对移民进行有效的识别。对于新进的移民而言，他们在这些特征上不如本地居民有优势。在迁移之初，移民不熟悉迁移地的语言文化背景，对于就业的机会也不够了解，缺少与工作技能相关的就业培训，更加不可能具备从事某些行业的从业资格证等。因而在迁移的初期，移民的收入水平低于本地居民。但是，随着迁移时间的增加，移民开始增长了与迁移地就业市场相适应的工作技能，比如获得了某些行业的从业资格证书、接受了当地的教育获得了学位等。因此，即使在迁移之初，移民与本地居民存在工资差距，但是随着移民的迁移时间延长，这种工资差距会逐渐缩小，最终移民与本地居民的工资水平将达到趋同。Chiswick 对该理论假说进行了实证检验后发现，20 世纪 70 年代美国劳动力市场上的移民在迁移之初，比本地居民的工资收入低了 16% 左右，但是在迁移时间超过 10—15 年后，收入水平将超过本地居民。

Chiswick 关于移民同化的理论假说表明移民的同化是一个自然的过程。虽然，在迁移地移民劳动力与雇主之间存在一定的信息不对称，但是移民迁移之后，可以通过自身的努力获得某些凭证来消除这种信息不对称的问题，从而获得与本地居民相同的劳动回报率。而在中国的城镇劳动力市场上，农业转移人口不但面临着对城镇劳动力市场不熟悉等问题，而且还面临着制度性的阻碍。对于低技能的农业转移人口而言，几乎没有任何途径获得城市户籍，从而面临着工作机会的不平等。导致他们一方面，缺少合理的途径来实现职业阶梯的攀登从高收入的职业；另一方面，即使与本地居民在同一职业内，也可能面临着同工不同酬的歧视。因此，在我国城镇劳动力市场上，由于制度的阻碍，农业转移人口实现与城镇居民的工资同化是一个十分困难的过程。

五　福利效应经济学理论

福利经济学作为西方经济学中的独立分支发展至今，大致上经过了三个重要的阶段：第一个阶段是以马歇尔和庇古（1920）为代表的旧福利经济学时期；第二个阶段是以罗宾斯（1932）和希克思（1939）为代表的新福利经济学时期；第三个阶段是以阿罗不可能定理为代表的福利经济学。其间发展经过了上百年的历史，不同学者对福利经济学的基本原理和问题的争论从未停止。

关于福利的定义，Ackerman（1997）总结到，尽管各个时期的经济学家对于福利经济学的定义都有争论，但是在争论的过程中逐渐形成了效用（Utility）、偏好（Preference）、快乐（Hedonic）、幸福（Happniess）、满意度（Satisfaction）等一系列相接近的概念。旧福利经济学家庇古认为福利是一种意识状态。一个人的福利与他的满足感有关，这种满足感可能来源于对于某种东西的占有。从这个角度来说，福利和利益是相关的，且有高低之分。至于福利水平的测度问题，在大多数情况下，收入水平的提高，个人的福利水平也会随之提高。所以，个人的福利水平和效用一样可以度量。但是，新福利经济学家却认为福利的概念是主观的、非基数的，因此对于福利的测度只能进行排序而不能进行测度。

福利的改进是衡量机制和政策评估必不可少的判断标准，以马歇尔和庇古（1920）为代表的"旧"福利经济学认为福利水平是可以测量的。这样，考虑到收入边际收益递减效应，福利改进的标准应该是向低收入的群体提供补偿，这样整个社会的福利水平都得到改进。而新福利经济学则认为，福利水平是序数的，他们提出福利的改进应该遵循帕累托准则以相关的边际条件。帕累托定量的具体内容是：如果从一种社会状态到另一种社会状态的变化，使至少一人的福利水平增加，同时又没有使任何一人的福利水平减少，那么这种变化就是好的、可取的、人们所希望的。

对于农业转移人口而言，市民化能有效地提高他们的福利水平。从客观层面来看，市民化能在一定程度上提高他们的收入水平和社会福利保障水平。以往诸多研究表明，城镇劳动力市场上的农业转移人口在工资收入以及职业进入上均面临户籍歧视，缺乏相应的社会保障。而市民化的过程则意味着他们获得了城市户籍，享受到了与城镇居民均等的公共服务，真正意义上融入了城市，因此他们的福利水平自然得到提高；从主观层面来看，长期以来由于在城市缺乏相应的社会保障，农业转移人口在城市之间或城乡之间来回迁移，过着漂泊不定的生活，内心充满着不安全感。同时，由于缺乏城市户籍，他们在城市的身份地位得不到认可，内心缺乏自信。这些都会导致他们对城市生活的满意度降低。而市民化的过程从更为广义的层面来看，就是农业转移人口融入城镇、在城镇过上安定生活的过程，既能消除他们内心的不安全感，也能提高他们对城市生活的满意度。根据福利的定义，生活的满意度提高也将提高农业转移人口的福利水平。

不仅如此，从福利效应的改进上分析，市民化的过程不仅能提高农业转移人口的福利效应，而且对于整个社会的福利效应改进也具有十分重要的意义。基于旧福利经济学的分析框架，考虑到收入边际效用递减的规律，对于收入低的人群进行补贴比对于收入高的人群进行补贴，所带来的福利效用更大。对比农业转移人口和城镇居民群体，显然从平均意义上来看，政府增加农业转移人口基本公共服务的供给，而不是提高城镇居民已有的基本公共服务水平，所带来的社会整体福利更大。基于新福利经济学的分析框架，由于政府提供的基本公共服务在一定程度上属于公共产品，在消费和使用上具有非竞争性和非排他性，只有政府能合理规划布局，逐步有序地推进城镇化、市民化进程，就能做到在不损害城镇居民福利水平的前提下，提高农业转移人口的福利水平，进而提高整个社会的福利水平。

第三节 农业转移人口市民化
相关的研究综述

一 农业转移人口市民化的基本公共服务研究

研究农业转移人口市民化的过程实质就是实现城镇常住人口基本公共服务均等化的过程。长期以来，城乡二元经济结构导致了我国城乡居民在收入以及享受的基本公共服务上存在巨大的差异。中华人民共和国成立初期，在当时的历史经济条件下，为促进经济的迅速发展，国家推行了赶超型发展战略，优先发展重工业。在此战略的指引下，为了有效降低工业成本，政府通过一系列的制度安排调配资源，导致了资源分配由农业向工业、由农村向城市的倾斜。计划经济时代，在以严格的户籍制度为依托的城乡隔离制度下，农村居民无法自由地从农村流动到城市。农村居民与城市居民在劳动就业制度、教育制度、医疗和保险制度等方面都存在巨大的差距。改革开放以后，随着科学技术的进步和经济的发展，城市的建设与发展需要更多的劳动力，而先进的农业生产技术也导致农村出现了大量的剩余劳动力，大量农业转移人口流入城市，给城市的发展注入新的活力，成为我国经济持续发展的动力。但是，农业转移人口进入城市从事非农生产经营性工作，却难以改变其农业户籍的身份，而城市户籍缺失的背后是无法享受与城市居民相同的公共服务。长期以来，户籍制度之所以遭受诟病，主要是其背后所依附的公共服务福利体系，影响了农业转移人口享受与市民均等的公共服务的权利。户籍制度不再是简单的登记制度，我们提倡的户籍制度改革不是对登记制度的废除，而是主张解决剥离出依附于户籍制度之上的公共服务与福利，这才是破除农民转移人口市民化阻碍的釜底抽薪之策。

（一）农业转移人口市民化公共服务研究的起点

推动城市化、实现公共服务均等化的研究源于西方。国外学者对公共服务均等化的研究集中在财政均等化，财政均等化的研究主要建立在财政分权理论以及公共产品理论的基础上。以 Samuelson（1954）、Musgrave（1959）为代表的公共产品理论认为：公共产品的非竞争性以及排他性决定了其不能由市场供给，只能由政府提供；Tiebout（1956）、Oates（1972）提出的地方公共产品的供给和财政分权问题，国外公共经济学和行政学学者进行了广泛的研究。其中，支持财政分权的学者主要从居民偏好的地区差异、辖区间竞争、信息优势和垂直分工等方面论证自己主张的合理性，而支持地方公共产品供给的学者则从规模经济和区域间公共服务的外溢效果方面予以回应。Buchanan（1968）、Mckinnon（1997）、Weingast（1995）等学者主张关注政治决策过程和机制、通过好的政府结构提高公共产品供给效率。Denhardt 等（2000）指出，政府应为公民在公共物品供给问题上提供充分发表意见的机会，努力形成公共品供给中政府、公民、社会及市场主体多维互动的新局面。

由于西方国家人口基数小，市民化的推进没有中国这么复杂，有的国家甚至通过人口转移就能快速实现市民化，而中国拥有十四亿多人口，直接将农村人口转移到城市出现的问题太多。与国外学者相比，国内学者对实现公共服务均等化问题的研究起步要晚，但最近几年也研究总结出了一些丰硕的成果，尤其是在有关市民化公共服务的界定、国内公共服务的现状、存在的问题、原因以及相关对策等方面。

界定和理解什么是"公共服务"及"公共服务均等化"是研究农业转移人口的一个逻辑起点，在此基础上才能分析我国现存的一些突出问题和体制障碍。农业转移人口市民化过程，就是公共服务和社会权利的均等化过程。对于市民化公共服务的研究，学者有着不同的见解。如贾康（2007）认为，公共服务均等化是分层次、分阶段的动态过程。由于当前我国公共服务均等化程度较低，应首先将工作重点定位于实现区域公共服务均等化，同时加快城乡公共服务均等化以及居民公共服务均等化。吕炜等（2008）认为，分析基本公共服务的内涵应当把握公共服务提供保障民众最为基本的公共服务需求、公共服务要体现出公共产品的属性以及针对我国当前推动农业转移人口市民化过程面临的主要问题和矛盾，例如公共卫生服务不足、社会保障的缺失等问题。因此，基本公共服务均等化的含义是指具有相同公共需求的公民可以享受到大致相同的公共服务。吴业苗（2010）认为，公共服务均等化是解决农业转移人口问题的一个大原则。农业转移人口公共服务均等化就是政府为农业转移人口提供基本的在不同阶段具有不同标准的最终大致均等的公共物品和服务，包括就业、住房、社保、文化娱乐等方面。

（二）农业转移人口市民化公共服务研究的具体实践

国内很多学者从市民化政策的角度提出了推进市民化的方式。其中，程亮、郭剑雄（2005）指出，改革户籍制度是推进新型城镇化改革的龙头，未来需要在教育、医保、养老问题上完善相关法律法规、实现城乡一体化建设。魏后凯和苏红键（2016）认为，考虑到我国当前的农业转移人口规模大、市民化程度低以及面临的阻碍较多等特点，应该分层次逐步落实农业转移人口的各项权益，从而实现农业转移人口的市民化。一是保障农业转移人口的基本权益，包括选举、平等就业、义务教育以及就业服务等，实现城镇常住人口的全面覆盖；二是为农业转移人口提供基本社会保障，包括医疗、生育、养老、工伤等基本社会保险，提供城市的最低生活保障、保障性住房等。

除此之外，国内专家学者深入基本公共服务的各个层面，对农业转移人口市民化的现状进行了研究。具体地，教育方面，徐丽敏（2009）认为，在"以流入地政府管理为主，以全日制公立学校接收为主"的"两为主"政策作用下，农业转移人口随迁子女在城市接受义务教育的问题得到了很大程度的改善，但关于其义务之后的教育以及学前教育问题逐渐成为当前的又一大难题。之所以产生这一问题，是因为现有户籍制度、城乡二元教育体制和"依户籍所在地入学"教育政策的限制。刘俊贵和王鑫鑫（2013）提出，建立完善进城农业转移人口子女义务教育经费保障体制机制，应正确认识和区分进城农业转移人口随迁子女义务教育作为公共产品的特殊属性，省内流动的进城农业转移人口随迁子女义务教育经费保障由省一级政府统筹，跨省流动的进城农业转移人口随迁子女义务教育经费保障由中央财政承担相当责任。孙婧芳（2016）基于2010年和2013年的流动人口动态监测调查数据研究发现，2010—2013年期间，基本公共教育和社会保险对农业转移人口市民化的影响发生了从无到有的巨大变化。2013年基本公共教育和社会保险对农业转移人口的市民化具有显著的促进作用。周丽萍等（2019）基于2013—

2014 年的中国教育追踪调查数据与实地调研发现，整体上新生代农民工随迁子女与当地户籍子女实现了义务教育公平，但是仍存在一些不足之处。鉴于义务教育属于公共产品属性，建议构建"省内流动的农民工随迁子女义务教育经费由流入地省级政府统筹、区县政府分担为主，跨省流动的农民工随迁子女义务教育经费由中央政府与流入地省级政府共同分担、中央兜底"的经费保障机制。

医疗卫生方面，龚文海（2009）基于对北京、上海、深圳等 11 个城市的政策考察，了解到当前农业转移人口参加的医疗保险主要有：综合保险模式、农业转移人口医疗保险模式和参加当地城镇居民基本医疗保险模式；而鉴于缴费标准高、农业转移人口收入水平低等因素，农业转移人口参保较多的仅为综合保险和专门的农业转移人口医疗保险模式，其中农业转移人口大病医疗保险也是当前推进农业转移人口医疗保障的重点。从长远看，让农业转移人口享受与城镇居民同等待遇，将其纳入国家统一的基本医疗保障体系，是最终的方向和目标，但在当前条件还不具备的情况下，可以采取渐进方式推进改革。秦立建和陈波（2014）基于国家卫计委 2010 年 12 月的农业转移人口融入状况专项调查数据，就医疗保险对农业转移人口城市融入影响的问题进行了研究。发现在城市地区融入程度越高的农业转移人口越看重医疗保险，医疗保险具有类似福利的效应，随着农业转移人口在城市生活和就业的壁垒逐渐消除，它对农业转移人口进一步融入城市的影响越来越重要。程名望和华汉阳（2019）采用 2016—2018 年国家统计局上海调查总队农民工市民化进程动态监测调查数据研究发现，购买社会保险可以显著提高农民工的主观幸福感，且购买的社会保险种类越多，其主观幸福感越高。其中，购买医疗保险带来的边际效应最高。

养老保险方面，张文学和张立（2011）的研究发现，当前农业转移人口养老保险中存在以下三方面的主要问题：第一，农业转移人口的养老保险覆盖范围窄、参保率低、退保率高。除了经济发展水平较高的地区，如北京、上海、广东外，其他的省份没有建立起农业转移人口的养老保险体系；第二，缺乏统一的农业转移人口社会养老保险法律法规；第三，缺乏适合农业转移人口特点的全国统一的养老保险模式。姚俊（2010）基于江苏五地的调查研究发现，90%以上的农业转移人口有参加社会养老保险的意识，农业转移人口的社会养老保险意识很高。进一步分析农业转移人口选择不同社会养老保险类别的影响因素后发现，年龄、户籍现状、换工作的次数是影响农业转移人口参与不同社会养老保险类别的重要影响因素。林宝（2015）对我国农业转移人口养老保险制度发展的历史研究发现，农业转移人口养老保险在中国的一线城市开始实施，经历了由上而下、由分而合的过程。虽然在地方层面，农业转移人口的养老保险模式存在多种不同形式，但是从国家层面来说，与城镇居民基本养老保险制度的发展密切相关，并在逐渐与城镇居民基本养老保险制度相融合。

以往研究表明，农业转移人口在基本公共服务均等化的方面还存在很大的不足，而且该问题已经引起了社会各界的广泛关注。目前，国家的相关政策也在逐步完善，农业转移人口与城镇居民在基本公共服务上的差距也将逐渐缩小。《国家新型城镇化规划（2014—2020年）》指出"农村劳动力在城乡间流动就业是长期现象，按照保障基本、循序渐进的原则，积极推进城镇基本公共服务由主要对本地户籍人口提供向对常住人口提供，逐步解决在城镇就业居住但未落户的农业转移人口享有城镇基本公共服务问题"。2019年，国家发展改革委关于印发的《2019年新型城镇化建设重点任务》通知提出："推进常住人口基本公共服务全覆盖。确保有意愿的未落户常住人口全部持有居住证，鼓励各地区逐步扩大居住证附加的公共服务和便利项目。"

（三）农业转移人口市民化过程中公共服务缺失的原因

目前，国内学者对推进农业转移人口市民化过程中公共服务现状进行了深入研究，这些研究成果表明，农业转移人口在享受基本公共服务和城市居民仍然存在很大的差距主要归因于公共财政制度的问题。事实上，产生这种状况的原因是多方面的，关键点是在计划经转变为市场经济的过程中，政府的职能需要调整。

吕炜（2004）提出，转轨国家的公共财政则要在经济体制由计划向市场转轨过程中、在政府职能转换中、在传统计划型国家财政的基础上、通过政府的主动安排和作用来形成；公共财政的内涵包括两个步骤：一是以财政传统职能的退出推进市场化；二是以逐渐生成的市场机制界定和规范财政活动的范围。安体富和任强（2007）认为，公共服务均等化现存的问题主要是公共服务型政府尚未建立、各级政府权责不清晰、转移支付制度不完善等。吕炜和王伟同（2010）提出，以中国式分权以及以增长为核心的体制安排，在维持中国经济高速增长的同时，也构成了阻碍政府服务性支出的体制性障碍，并形成了"经济增长—民生改善"相互替代的增长模式。而要破除政府服务性支出的体制性障碍，需要从体制层面改变现有增长模式，将民生改善融入经济增长的循环之中。左学金（2015）认为，地方政府缺乏向外来人口提供公共服务激励主要是由我国财政资源统筹层次决定的，统筹层次越低，财政资源均等化程度也越低，公共服务均等化程度也就越低。目前，我国主要的公共服务都是地方筹资、地方运作，与发达国家相比，统筹层次较低，这种地方筹资、地方运作的方式与我国劳动力大规模流动的现实状况不相适应。

更多的学者认识到户籍制度只是问题的表象，给予农业转移人口户籍并不能完全解决公共服务均等化问题。丁元竹（2008）认为，造成我国基本服务不均等的原因，不仅表现在政府各层级、各部门的关系，城乡体制上的差异，而且还有技术层面的问题。侯云春（2011）等提出农业转移人口市民化实质上是公共服务均等化的过程。在市民化过程中，户籍转换只是形式上的改变，基本公共服务的均等化才具有现实的意义，公共服务对解决农业转移人口收入偏低和贫困同样具有重要作用。吴业苗（2013）认为，城乡二元体制是城乡公共服务一体化实践遇到的核心问题。城乡二元结构造成了我国城乡在居民收入、生活水平、社会保障、文化教育、政治生活等方面的巨大差距。刘海军和谢飞燕（2013）认为，在现有体制下公共服务缺失的原因是城市政府吸纳农业转移人口落户的负面效应非常明显，农业转移人口流入地城市政府在推进农业转移人口市民化方面的能力和动力都不足。通过制度创新给予农业转移人口"市民待遇"，是推动农业转移人口市民化的重要途径。制度创新主要表现在三个方面：加快户籍制度改革；探索农业转移人口过渡性的公共服务制度，逐步实现城市基本公共服务全覆盖；建立健全农村土地流转制度。马晓河和胡拥军（2018）的研究发现，成本分担机制不完善是阻碍农业转移人口市民化的"拦路虎"，户籍门槛与福利差距是农业转移人口进城落户难的壁垒，等级制的城市行政体制是农业转移人口市民化均衡配置资源的障碍，农村土地制度改革滞后是农业转移人口市民化的延缓器，不合理的财税体制是农业转移人口市民化的重要制约因素。

以上研究从政府和社会的角度综合分析了农业转移人口公共服务难以均等化的原因。实际上，农业转移人口市民化的公共服务是一个系统性工程，受到各种因素影响。即便地方政府增加了对外来人口的公共服务供给，也会因管理体制的桎梏而导致政策目标难以落实，从而影响农业转移人口享有公共服务的水平。因此，农业转移人口实现与城镇居民基本公共服务均等化还需要市民化政策的进一步深化和公共财政体系的建立与健全。

（四）评述

现有关于农业转移人口市民化的公共服务方面研究存在碎片化问题，缺少系统性。大多数研究仅从理论上分析了农业转移人口市民化过程中面临的基本公共服务不均等化问题以及产生该问题的根源，极少有文献从微观调查数据出发，对比分析农业转移人口与城镇居民在基本公共服务上的现实差距，并基于微观数据结论，对宏观的公共财政政策以及市民化政策提出合理的建议。本书的主要工作之一是基于 CFPS 微观调查数据集，详细地对比分析农业转移人口与城镇居民在养老保险、医疗保险、工伤保险等方面存在的差距，并在此基础上深入研究市民化的福利效应。由此，为地方政府的公共服务建设问题提供相关的政策建议。

二　农业转移人口的就业状况与工资差距研究

根据国家统计局 2019 年农民工监测调查报告显示，截至 2019 年，我国农民工的总量为 2.91 亿人次，占全国人口总数的 20% 以上。如此大规模的人口流动对促进经济的发展、提高农民的收入起到了十分重要的作用（朱孔来等，2011；张彧泽和胡日东，2014；郑鑫，2014）。尽管农业转移人口为中国经济社会的发展做出了巨大贡献，但是他们在城镇劳动力市场上的就业机会和工资收入却与城镇居民之间存在较大的差距。

就工资收入来说，虽然外出务工的农民在工资收入上较之前务农有了很大的提高，但是仍旧普遍低于城镇居民。CHIPS 2013 微观调查数据集显示，农业转移人口的平均小时工资为 14.66 元，比城镇居民低了近 16%，如果考虑到其他社会福利和岗位津贴，农业转移人口与城镇居民之间的工资差距将进一步拉大。从就业机会来说，由于我国户籍制度的存在，城镇劳动力市场呈现出二元分割的状态，农业转移人口和城镇居民在就业机会配置、工资决定机制以及工作条件上都存在很大的差异。不但如此，在职业攀升上，农业转移人口自下而上地流入高收入职业也十分困难。工资报酬上存在同工不同酬、就业机会上存在进入"壁垒"，导致了农业转移人口虽然生活工作在城镇地区，但是面临着收入和机会的双重不平等。

（一）农业转移人口与城镇居民的就业机会差异

就业机会的平等是对劳动力市场的基本要求，但是，由于各种非竞争性的因素存在，劳动力市场上存在二元分割现象。在不同的子市场上，就业机会的配置和工作条件上均存在显著的差别，而且不同的子市场之间由下而上的流动十分困难，最终导致就业市场上的机会不平等。在中国由于户籍制度的存在，城镇劳动力市场上的二元分割现象尤为突出。农业转移人口长期位于城镇劳动力市场的低端，缺乏自下而上流动的渠道。一直以来，农业转移人口与城镇居民之间存在就业机会的差异，以及由此带来的工资收入以及社会福利差距引起了专家学者的关注。

目前，已有大量的学者对中国城镇劳动力市场上农业转移人口与城镇居民的工资差距以及产生差距的根源进行了探究。他们认为引起工资差距的原因主要有两种，一种是劳动技能、教育水平以及工作经验等人力资本的差异，它会通过市场机制的作用反映在工资差距上；另一种是由于户籍歧视造成的社会分割和就业歧视，研究者普遍认为户籍制度可能直接影响农业转移人口的收入，在城镇劳动力市场上，无论农业转移人口是否拥有与城镇居民相同的人力资本水平都被贴上了户籍的"标签"，导致其在就业市场上劳动报酬的不平等（Meng and Zhang，2001；Maurer－Fazio et al.，2004；王美艳，2003；蔡昉，2001；邓曲恒，2007；吴晓刚和张卓妮，2014）。

研究者普遍认为，农业转移人口在城镇就业市场上面临的户籍歧视主要体现在两个方面：同工不同酬和就业机会不平等。其中，就业机会的不平等主要反映在高收入与高福利职业的进入障碍上。职业作为一种重要的"报酬机制"，在决定农业转移人口与城镇居民收入不平等中起到了重要的"中介"作用（吴晓刚和张卓妮，2014）。余向华和陈雪娟（2012）采用 CHNS1993—2009 的微观数据集，从工资差异和机会差异的双重视角对户籍效应的研究发现，户籍分割与其他分割的结合，使城乡户籍劳动力面临不同的工资决定机制。城乡工资差异未能缩小，甚至屡显扩大迹象，其主要根源就在于户籍工资歧视。吴晓刚和张卓妮（2014）使用 2005 年全国 1% 抽样调查数据比较同工不同酬和职业隔离等制度性障碍在导致农业转移人口和城镇居民收入差距中所起的作用时发现：人们通常所观测到的农业转移人口工资收入低于城镇居民的主要原因是以户籍为基础的职业隔离，城乡教育不平等是导致农业转移人口与城镇居民职业隔离的重要原因。赵海涛（2015）利用 CHIPS 2002、

CHIPS 2007 和 CHIPS 2008 数据考察了流动人口与城镇居民工资差异的情况，其研究发现流动人口与城镇居民之间存在职业隔离，户籍歧视所导致的工资差异在总差异中所占比重仅为 11.22%，工资差异主要是由人力资本的特征差异造成的。孙婧芳（2017）基于 2001 年和 2010 年中国城市劳动力调查数据研究发现，2010 年农民工面临的就业隔离比 2001 年大幅下降，而且在各部门内部小时工资的歧视也大幅下降。然而，当农民工进入公有单位时依然受到较强歧视，就业隔离依然存在。

（二）农业转移人口与城镇居民的工资差距及其同化

在劳动经济学领域，最早的移民同化方面的研究可以追溯到 Chiswick（1978），他认为移民在迁移之后，由于对当地劳动力市场不熟悉，很难将在本国获得人力资本转化为移民目的地工作所需的职业技能。因此，从短期来看，移民的初始工资水平与本地居民存在明显差距。随着时间的推移，移民会在迁移之后参加相关的培训并不断积累与迁移地相适应的工作经验，这将促使移民把迁移之前的人力资本转化为与本地劳动力市场相匹配的工作技能。如果上述人力资本积累和转化机制存在，那么，最终来说，移民可以获得与本地居民相同的收入。Chiswick（1978）使用美国 1970 年的人口普查数据研究发现，相较本地居民，移民的初始工资收入较低，但他们在移民之后所获取的工作经验回报率明显高于本地居民，能在迁移后的 10—15 年内快速地追赶上本地居民的收入水平。这也间接地证明了，在美国劳动力市场上，移民的人力资本积累和转换机制确实存在。之后，许多关于美国 1950 年左右的移民研究都得出了相似的结论（Carliner，1980；Long，1980；Borjas，1982），尽管这些研究考虑的角度或使用的数据与 Chiswick（1978）有所不同。

继 Chiswick（1978）的开创性研究之后，Borjas（1985）对移民同化的研究做出了重要贡献。Borjas（1985）认为，过去的研究者在研究移民同化时通常忽略了两个重要的问题，从而导致所估计的同化速度存在较大偏差。第一个重要的问题是移民的自选择效应。移民同化问题的研究主体应是那些持续迁移且具有"融入意愿"的移民，同化速度的估计应基于具有上述特征的移民与本地居民样本而给出。如果在移民目的地工资收入较低、表现较差的移民选择回迁——移民的负向选择，这将低估真实的同化速度；而如果在迁移地收入高、表现出色的移民选择回迁——移民的正向选择，这将高估真实的同化速度。由于移民回迁的决策不是随机做出的，所以忽略这一因素对同化速度估计的影响不容忽视。然而，移民调查数据中很少包含回迁者的信息，所以克服样本自选择所带来的影响十分困难。为此，研究者一直在寻求这一问题合适的解决方案。其中最为普遍的方法是采用面板数据对移民样本进行持续追踪（Borjas，1989；Hu，2000；Constant et al.，2003；Abramitzky et al.，2014）。Abramitzky 等（2014）使用美国 1900 年、1910 年和 1920 年的人口普查数据对美国早期移民的同化问题进行了研究，发现美国的早期移民大概有 25% 的回迁率，而且这些移民的回迁具有负向选择性。平均来说，美国早期选择回迁的移民比留下来的移民基于职业的工资收入每年大约少 2700 美元。他们的研究表明，在克服了移民自选择效应后，美国 1900 年之前的移民在迁移之初就比本地居民拥有更高的基于职业的收入。另一个重要的问题是移民群体的自身素质可能发生了改变——群组效应（cohort effect）。Borjas（1985）基于美国 1970 年和 1980 年人口普查数据的研究表明，美国自 1950 年以来移民群体的自身素质不断下降，以往的研究高估了移民的同化速度。因为，若不考虑群组效应，移民持续迁移时间的正向系数中既包含了早期具有更高素质的移民所带来的正向影响，也包含了随着迁移时间的增加，移民积累与迁移地相适应的人力资本和经验所带来的正向影响。

除对移民同化速度的实证研究之外，还有不少学者更进一步对影响移民同化速度的因素及其深层次的作用机制进行了深入探究。一些研究认为，人力资本或个人能力的高低是影响移民工资同化速度的主要因素。Chiswick（1999）建立的关于人力资本的移民模型就表明，相比能力低的移民，能力高的移民在劳动力市场上会有更小的初始差距和更快的同化速度，这是迁移地劳动力市场上用人单位理性选择的结果。另一些研究认为，弱化迁移地劳动力市场上的摩擦，攀登职业的阶梯也是影响移民同化的主要因素。Chiswick（2005）在研究美国的移民同化时，认为移民的工资收入逐渐向本地居民同化，主要源于他们职业的升迁。他的研究发现，移民进入美国的劳动力市场后，具有很高的职业升迁概率。同样，Borjas 和Friedberg（2005）基于 1960—2000 年的美国人口普查数据的研究也发现，20 世纪 90 年代后的移民在美国劳动力市场上经历的职业升迁，使来自墨西哥的移民相对本国居民的收入明显增加了。

从上文的分析可以看出，国外对移民同化问题研究框架已经十分成熟。基于移民同化的研究框架对我国城镇劳动力市场上的农民工（移民）与城镇职工（本地居民）的工资同化情况进行研究，不仅有利于了解农民工在城市融入过程中的主观能动性，而且有助于深入挖掘农民工在城镇劳动力市场上面临的困境。目前，学者主要是从静态的角度分析农民工与城镇职工的工资收入差距以及产生差距的原因，发现农民工与城镇职工的工资差距主要原因有以下几点：第一，农民工在城镇劳动力市场上受到工资歧视（Meng and Zhang，2001；王美艳，2005；邓曲恒，2007；吕炜和杨沫，2016；张婧芳，2017）。如邓曲恒（2007）基于 CHIPS 2002 数据，采用 Oaxaca – Blinder 及分位数回归分解得出，流动人口的工资仅为城镇居民的 61.67%，且平均而言城镇居民和流动人口收入差异的 60% 应归结于歧视。第二，城镇劳动力市场上所存在的职业分割、部门分割和行业分割。余向华和陈雪娟（2012）研究表明，户籍分割与其他分割的结合，使城乡户籍劳动力面临不同的工资决定机制，而机会差异与工资差异内在关联，使户籍分割的工资效应被部分隐藏在部门差异、岗位差异等分割形式之下。吴晓刚和张卓尼（2014）使用 2005 年 1% 人口抽样调查数据研究发现，人们通常观测到的农民工与城镇职工的收入差距主要归因于以户口为基础的职业隔离。

第三，城镇劳动力市场上的非正规就业。李红阳和邵敏（2018）的研究发现在其他条件不变的情况下，临时性就业会使个体的工资收入显著减少约 18.05%。与城镇居民相比，农民工成为临时性就业者的概率更高。

近期，也有少数研究者将迁移时间作为农民工与城镇职工工资差距的重要影响因素，研究农民工迁移时间对于工资差距的影响。Zhang 等（2010）基于中国家庭收入调查项目 CHIPS 2002 年数据的研究发现，农民工与城镇职工的工资差距能随着迁移时间的增加而缩小，但是在农民工的生命周期内无法完全消除与城镇职工的工资差距。谢桂华（2012）基于 2005 年 1% 人口抽样调查数据对城镇劳动力市场上不同户籍属性的劳动力的社会融合情况进行了研究，发现外来劳动力在城镇劳动力市场上的融合是一种有差别的融合：外来非农户籍的劳动力在流入地劳动力市场不存在融合障碍；外来农民工虽然在流动初期处于收入劣势，但经过一段时期后，高技能者的收入将追上本地劳动力，而低技能者的收入劣势无法改变。陈珣和徐舒（2014）研究发现，农民工在城镇地区每多待一年，其相对工资将上涨 1.4%，具有不同初始收入的农民工需要 10—58 年实现与城镇职工的工资同化。孙婧芳（2017）基于 2001 年和 2010 年中国城市劳动力调查数据研究发现，2010 年农民工面临的就业隔离比 2001 年大幅下降，而且在各部门内部小时工资的歧视也大幅下降。然而，当农民工进入公有单位时依然受到较强歧视，就业隔离依然存在。可以看出，不同研究在样本数据以及估计方法的选择上存在诸多差异，目前关于农民工工资同化的研究并未得出一致性的结论。

（三）评述

随着中国城镇化进程的推进，城镇劳动力也日臻成熟。目前，户籍制度的放宽、劳动法的完善以及政府积极财政政策使城镇劳动力市场的二元分割现象日渐完善。农业转移人口在城镇劳动力市场上面临的就业机会不平等现象存在一定的变化。以往的研究，主要基于一个静态的时间上，分析当前情况下农业转移人口面临的就业不平等，极少有研究从动态的角度出发，探讨一个时间跨度内这种就业不平等现象的变化趋势。此外，以往的研究在讨论城镇劳动力市场的就业机会不平等时，主要集中在农业转移人口和城镇居民在职业或工作岗位上的差异，极少有研究从部门、行业等多个维度出发，综合分析就业不平等的现象。因此，如何从横向和纵向角度同时展开对农业转移人口面临的就业不平等问题进行深入研究，是接下来研究的方向和重点所在。

以往有关移民的工资差距及同化问题的研究，为我们从动态角度理解农业转移人口在城镇劳动力市场上的同化情况提供了初步的经验证据。但是仍然存在以下两个问题：第一，国外关于移民同化的研究大多针对跨国移民展开的，相比一国内部的移民，跨国移民在文化背景、风俗习惯与语言交流等方面都与本地居民之间存在较大差别。尤其在中国这样具有明显的户籍分割制度和城乡二元制度背景下，从农村到城市迁移的移民同化问题尤为特殊。第二，以往有关我国农业转移人口与城镇居民的工资差距及同化的问题面临着内生性的挑战。Zhang 等（2010）的研究并未考虑对自选择效应进行处理，所得出的同化速度估计结果很可能存在较大的偏差，而陈珣和徐舒（2014）虽考虑使用非线性变量方法对自选择效应进行控制，但其所选择的非线性工具变量易受到弱工具变量问题的影响，估计结果的可信度易受到质疑。

三 农业转移人口市民化的福利效应研究

关于农业转移人口的流动对于经济社会发展的促进作用已经得到了社会各界的一致认同，因为城镇化的过程对经济增长、城市产业结构的升级以及区域经济格局都具有十分重要的影响。作为城镇化中最为核心的一个环节，农业转移人口市民化所带来的福利效应自然也不容忽视。本节将从缩小城乡收入差距和提高生活满意度两个方面出发，集中梳理已有文献有关市民化的研究。

（一）农业转移人口市民化与城乡收入差距

城乡收入差距已经成为影响中国收入差距扩大进而影响中国经济社会可持续发展的最主要因素（Wu and Perloff，2004；Benjamin et al.，2004；Terry Sicular et al.，2007；林毅夫等，1998）。李实（2003）使用中国社会科学院组织的住户调查数据研究发现全国收入差距的40%来源于城乡收入差距。自改革开放以来，中国的城乡收入比由1985年的2.1上升至2013年的2.72，上升了近40%，如果将实物性收入和补贴都视为个人收入的一部分，那么中国可能是世界上城乡收入差距最大的一个国家。纵观中国经济发展的历史，高积累和重工业优先发展道路在取得丰硕的成果的同时使农业为此做出了巨大的牺牲：农村经济发展滞后，教育资源匮乏，剩余劳动力流动受限等（王海光，2003；万川，1999）。这些都促使农村经济发展成为整个国民经济发展的"短板"，也是拉开城乡收入差距的一个重要原因。如何解决农村发展的困境，缩小城乡收入差距，成为众多学者、专家关注的问题。

目前，国内外学者对中国城乡收入差距的成因做了大量研究。一部分学者从政府政策的角度探究城乡收入差距。他们认为，政府制定的关于城市倾向的政策将拉大城乡收入差距；反之，农村倾向的政策有利于缩小城乡收入差距；也有一部分学者认为我国的城乡二元经济结构，以及由于户籍隔离制度所产生的户籍歧视和地域歧视等不但阻碍了农村剩余劳动力的流动，而且使已经发生流动的农业转移人口在城镇与本地居民之间存在较大的收入差距（章元和王昊，2001；王美艳，2005；万海远和李实，2013）。

农业转移人口的户籍身份转变是实现市民化的一个重要环节，对于农业转移人口而言，不是简单的身份转变，而是意味着他们从真正意义上成为城市的主人，不再以一种边缘人的形式存在，在工资收入及享有公共服务的权利上饱受歧视。因此，消除由于户籍身份差异而导致的农业转移人口与城镇居民之间的工资差距，有助于缩小城乡收入差距。Gustafsson和Shi（2002）提出，户籍制度造成的我国城乡居民收入差距，其中可由户籍制度直接解释，因此城市化进程中农民身份的改变将有利于缩小城乡居民收入差距。万海远和李实（2013）采用 PSM - DID 的方法重新评估了户籍歧视对城乡收入差距的影响，他们的研究发现，仅仅由于户籍歧视的存在，农业转移人口个体的收入将会减少 3.5%；平均来看，在剔除了户籍歧视的因素后，整体收入差距会明显下降，基尼系数会从 0.499 下降至 0.488。杨金龙（2018）基于中国综合社会调查数据，采用最小二乘法和倾向得分匹配法（PSM），考察了非农户籍身份转换能有效提高农业转移人口在城镇劳动力市场上的经济收入。宋扬（2019）在构建的理论模型基础上，模拟了全面放开户籍政策的社会成本收益。如果户籍全面放开，即迁移到城市的农村户籍劳动者与城市户籍劳动者享受完全相同的待遇，由户籍因素引起的劳动力可支配年收入的基尼系数从改革前的 0.180 降低到 0.033，降低 81.7%。

（二）农业转移人口市民化与生活满意度

当前，从实证角度对个体生活满意度的研究大多采用的是问卷调查，问卷中所涉及的相关问题主要分为两大类：一类是对生活满意度的调查；另一类是对主观幸福感的调查。大量的实证研究认为生活满意度是主观幸福感的一种测量工具（Dolan et al.，2008；Kahneman and Krueger，2006；Oishi，2010），生活满意度实质上就是主观幸福感的表现形式。因为生活满意度的调查数据和主观幸福感的调查数据具有高度的相关性，两者在对调查个人的心理刻画上没有本质差异，所以，采用两种调查数据所得到的研究结论基本一致（Blanchflower，2009）。因此，在接下来的综述中，本节对主观幸福感和生活满意度不作严格的区分。

自 Easterlin（1995）创新性地将幸福感引入经济学的研究领域后，关于幸福感的研究成为国内外主流经济学研究的重要课题。因为，作为个人效用函数中重要的一部分，主观幸福感可能会对个人的就业、健康、收入甚至社会行为都产生积极的影响（De Neve et al.，2013）。Peterson 等（2011）的研究发现，主观幸福感更高的员工，表现得更加乐观、充满希望、具有自信心，他们在经济管理类工作中表现得更加出色。不仅如此，正面的情绪能有效减少工人的旷工次数，而负面的情绪却能显著增加工人的旷工次数。Deneve 和 Oswald（2012）采用美国追踪调查中的双胞胎数据，研究了青少年的生活满意度对他们未来 10 年后收入的影响。发现在控制智力水平、健康程度、教育以及其他个人特征后，生活满意度能显著提高青少年未来 10 年的收入水平。Jin（2013）基于 1981—2009 年 47 个欧洲国家的数据研究发现，国民幸福感和生活满意度的提高，能显著提高人均 GDP。李树和陈刚（2015）基于中国的 CHIPS 2002 和 CHIPS 2007 微观调查数据，估计了幸福感对劳动力就业和隐性再就业概率的影响。研究发现，幸福感上升不仅显著提高了劳动力的就业概率，而且显著提高了失业劳动力实现隐性再就业的概率。

那么，主观幸福感或生活满意度究竟受到哪些因素的影响？对此，专家学者们展开了进一步的研究。Easterlin（1995）将"相对收入效应"引入到收入—幸福感的研究中，并使用这一理论成功解释了"伊斯特林悖论"。他指出人们对自身福利水平的判断是通过将自己的客观状态与主观生活水平进行比较而得出的；主观幸福感随着自身收入水平的提高而正向变化，随着他人的收入水平提高而反向变化。Frey 和 Studer（2002）的研究发现，居民收入、个人特征、态度和信仰以及经济社会环境等因素对居民的主观幸福感具有十分显著的影响。Easterlin（2001）提出，个人的主观幸福感是由个人的收入效用和期望效用综合决定的，前者对幸福感的影响是正向的，而后者对幸福感的影响是负向的。Sun 等（2016）采用 2010 年中国家庭健康调查（CHNS）数据库，研究发现主观幸福感不但能有效提高居民经济社会地位、降低居民的失业率和离婚率，而且对主观健康程度也有积极的影响。此外，在控制了个人特征、社会经济特征以及主观健康程度以后，中国农村居民的主观幸福感高于城市居民。

在涉及主观幸福感的研究中，有一支文献的研究对象主要是移民，重在探讨迁移能否提高移民的主观幸福感。这些实证研究得到的普遍结论是，移民在迁移之后的生活满意度都会降低（Bartram，2011；Knight and Gunatilaka，2010；Safi，2009），无论是一国内部的移民还是跨国移民。对此，学者将移民生活满意度的降低归因于移民的相对收入下降或是期望水平的提高。由于在实际操作中，研究迁移行为对跨国移民的生活满意度影响时，需要追溯移民在来源国时期的生活满意度调查，在数据获得上存在很大的困难。因而，学者普遍把研究对象聚焦于一国内部的移民。其中，中国城镇化进程中大规模的人口流动引起了研究者的广泛关注。Knight 和 Gunatilaka（2010）基于中国 2002 年的全国家庭调查数据研究发现，生活在城市的农业转移人口生活满意度比生活在农村的农民生活满意度更低，主要由于他们对城市生活条件期望过高而导致。Knight 和 Gunatilaka（2012）的研究也表明，中国的农业转移人口生活满意度低于农村居民，即便农业转移人口的收入比农村居民高出 2.4 倍左右。付小鹏等（2019）的研究表明，市民化之后，农业转移人口主观幸福感确实有显著的提升。市民化对农业转移人口主观幸福感影响具有显著的异质性特征："政策性农转非"居民的户籍变更并没给其带来主观幸福感的提升，但"选择性农转非"居民主观幸福感提升效应明显。

（三）评述

目前，国内外有关我国农业转移人口生活满意度的研究，主要集中在农业转移人口与农村居民、城市居民的横向比较上，并没有将研究对象完全聚焦于农业转移人口群体本身，探讨其自身市民化前后生活满意度的变化。这主要是由于，一方面，市民化被认为是一个抽象概念，学界长期以来对"市民化"概念的界定存在争议；另一方面，存在数据可得性的限制。我国已有的公开微观调查数据库，极少有对相同样本的追踪调查，难以观测到同一农业转移人口生活满意度随时间的变化。本书将以获得城市户籍身份作为农业转移人口"市民化"的重要"标识"，采用 CFPS 2010 和 CFPS 2012 的微观样本追踪调查，将 2010 年和 2012 年农业转移人口发生的户籍身份转换视为自然实验，研究市民化对农业转移人口生活满意度的影响。

第三章

农业转移人口的现实困境：
基本公共服务不均等

  目前，我国的城镇化是在人口多、资源相对短缺、城乡区域发展不平衡的背景下推进的。这就决定了在城镇化过程中，农业转移人口与城镇居民享有的基本公共服务具有很大的差距。因为对于地方政府而言，在大规模的城镇化推进中，更为关注的是成本收益的最大化。许多的研究表明，地方政府每吸纳一个农业转移人口，需要花费十几万元的成本用于基础设施的建设以及基本公共服务的提供（丁萌萌和徐滇庆，2014；吕炜和谢佳慧，2015）。对于地方政府而言，短期内是一笔不小的财政压力，而农业转移人口带来经济增长收益却是一个长期的过程。在短期的高成本与长期不确定的高收益之间，地方政府在实现城市常住人口公共服务均等化的道路上停滞不前。本章基于 CFPS 2012 家庭调查数据库，从微观的角度出发，对比研究农业转移人口与城镇居民在基本公共服务上的现实差距，以及两者主观上对公共服务满意度的差异。在此基础上，就如何提升对农业转移人口的基本公共服务，实现农业转移人口与城镇居民基本公共服务均等化问题提出合理的政策建议。

第一节　农业转移人口与城镇居民享有基本公共服务的现实差距

　　城市内部的二元分割现象在很大程度上是由于农业转移人口与城镇居民之间的基本公共服务不均等造成的。在城市的常住人口统计中，包含了大量的外来流动人口，其中以农业转移人口为主。根据我国人口统计的口径，在城市居住半年以上的就被统计为城市人口。实际上，城市的基本公共服务主要针对具有本地户籍的人提供。农业转移人口没有城市户籍，在基本公共服务上就得不到市民的待遇，将他们定义为城市人口实际上存在一定的水分。当前，随着城镇化进程中出现的问题以及矛盾的尖锐化，我们不得不反思以往粗犷型城镇化发展道路上所存在的缺陷，思考新型城镇化的路径选择问题。党的十八届三中全会提出"新型城镇化以人为核心"，以人为核心的关键，是保障农业转移人口在城市生活享有基本公共服务的权利。2016年8月《国务院关于实施支持农业转移人口市民化若干财政政策的通知》指出："将持有居住证人口纳入义务教育、基本医疗、基本养老、就业服务等基本公共服务保障范围，使其逐步享受与当地户籍人口同等的基本公共服务。"由此可见，农业转移人口与城镇居民享有基本公共服务均等化的问题已经引起了政府的高度重视。

　　《国家新型城镇化规划（2014—2020）》列出的我国新型城镇化主要指标，对2012年中国城镇化的情况进行了统计，并在此基础上提出了2020年的发展目标。本节从中摘出了有关城镇化水平以及基本公共服务的两大指标模块。

　　从表3-1可以看出，虽然2012年我国的城市常住人口已经达到了总人口数的52.6%，但是，户籍人口的城镇化率仅为35.3%。也就是说，将近17%的城镇常住人口并没有获得城镇户籍。城镇常住人口的基本养老保险覆盖率仅为 66.9%，城镇常住人口保障性住房覆盖率为 12.5%。2014 年的流动人口动态监测数据显示，在农业转移人口中，参加了居民养老保险或新农保的比例不超过 10%。此外，住房问题也是农业转移人口在城镇持续生活的一大难题。在许多城市，购买商品房与城市户籍的获得挂钩，在城市买房成了农业转移人口获得城市户籍的少数途径之一。但是，相比其收入，城镇的高房价让他们望房兴叹。城镇常住人口保障性住房覆盖率低，使生活在贫困线上的居民（绝大多数是工资收入低的农业转移人口）陷入了居无定所的生活困境之中。

表 3－1 新型城镇化主要指标

指　　标	2012 年	2020 年
城镇化水平		
常住人口城镇化率（%）	52.6	60 左右
户籍人口城镇化率（%）	35.3	45 左右
基本公共服务		
农业转移人口随迁子女接受义务教育比例（%）		≥99
城镇失业人员、农业转移人口、新成长劳动力免费接受基本职业技能培训覆盖率（%）		≥95
城镇常住人口基本养老保险覆盖率（%）	66.9	≥90
城镇常住人口基本医疗保险覆盖率（%）	95	98
城镇常住人口保障性住房覆盖率（%）	12.5	≥23

资料来源：《国家新型城镇化规划（2014—2020 年）》。

　　农业转移人口与城镇职工基本公共服务的不均等主要具体表现在哪些方面？本章基于 CFPS 2012 微观调查数据集，深入基本公共服务的各个层面，诸如住房问题、养老保险以及医疗保险等对两者进行详细的对比分析。

　　本章使用的数据来自 CFPS 2012 调查。CFPS 是由北京大学社会科学调查中心组织实施的一项全国性的长期追踪调查，其宗旨是通过跟踪收集个体、家庭、社区三个层次的数据，反映中国社会、经济的变迁，为学术研究和政府决策提供第一手的实证数据。CFPS 重点关注中国居民的经济与非经济福利，以及包括经济活动、教育成果、家庭关系与家庭动态、人口迁移、健康等在内的诸多研究主题，是一项全国性、大规模、多学科的社会跟踪调查项目。

CFPS 数据的调查开始于 2008 年，2008 年与 2009 年仅在北京、上海和广州三地分别展开了初访和追访的测试调查，直到 2010 年才开始进行全国范围内的正式访问。CFPS 数据调查组将 2010 年基线调查界定出来的所有基线家庭成员及其今后的血缘/领养子女作为 CFPS 的基线成员，成为永久追踪对象。目前，CFPS 样本覆盖 25 个省/市/自治区，2012 年的样本规模为 16000 户，调查对象包含样本家户中的全部家庭成员。CFPS 2012 调查问卷的户口登记问题为：您现在的户口落在什么地方？①本村/居；②本乡/镇/街道/的其他村/居；③本县/市/区的其他乡/镇/街道；④本省的其他县/市/区；⑤省外。文中将第一类和第二类定义为本地人口，第三类到第五类定义为流动人口。另外，CFPS 2012 调查数据中户籍类型为农村和城市两种。因此，根据户口登记地和户籍类型就可以划分农业转移人口和城镇居民。

一 住房问题

农业转移人口与城镇居民的收入差距以及享受到的公共服务差距有很大一部分体现在两者住房的差异上。住是人们生活中最重要的方面之一，在城镇拥有稳定的住所、过上稳定的生活不仅是农业转移人口追求的城市梦想，而且也是他们真正融入城镇，逐步实现市民化过程的第一步。但是，城市的居住成本昂贵，房价居高不下，对于收入较低的农业转移人口而言，梦想遥不可及。

不仅如此，住房不但占家庭总支出中的很大比例，而且住房产权的所有权以及人均住宅面积在很大程度上都反映了家庭收入情况。因此，将农业转移人口和城镇居民的住房状况进行对比分析，有助于我们对农业转移人口在城镇面临的现实状况以及享有的公共服务水平有一个更加精准的定位。

CHIPS 2012 数据集中，问到了您对现在居住房屋产权拥有的情况。受访者回答的选项中包括家庭拥有完全产权、家庭成员拥有部分产权、公房、廉租房、公租房等。其中，上文提到的城镇保障性住房，包括公租房（含廉租房）、政策性商品住房和棚户区改造安置住房等。其中，"公租房"是"公共租赁房"的简称，指的是将政府或公共机构所有的房屋，以低于市场价或者承租者承受得起的价格租给住房困难的群体；"廉租房"是指政府以租金补贴或实物配租的方式，向符合城镇居民最低生活保障标准且住房困难的家庭提供社会保障性质的住房。廉租房以租金补贴的形式为主，以实物配租和租金减免为辅。

在剔除回答选项为不知道或不确定的样本后，我们得到 988 个有效的农业转移人口样本以及 6418 个有效的城镇居民样本。[1] 表3 - 2 给出了农业转移人口与城镇居民住房产权的比较结果。

表 3 - 2　　　　农业转移人口与城镇居民的住房产权比较

居住情况	农业转移人口		城镇居民	
	样本量（个）	比例（%）	样本量（个）	比例（%）
家庭成员拥有完全产权	627	65.38	5409	84.28
家庭成员拥有部分产权	19	1.92	262	4.08
公房	15	1.52	184	2.87
廉租房	47	4.76	42	0.65
公租房	48	4.86	213	3.32
市场上租的商品房	163	16.50	120	1.87
亲戚、朋友的房子	69	6.98	188	2.93
合计	988	—	6418	—

资料来源：CFPS 2012 微观调查数据集。

——————————

①　这里的城镇居民主要是指为本地城市户籍的居民，不包括外地城镇户籍的居民。

从表 3 - 2 可知，农业转移人口中家庭成员拥有全部或部分居住房屋产权的比例仅占 67.3%，而本地城镇居民中，拥有部分或全部所居住房屋产权的比例高达 88.36% 以上。值得注意的是，由于 CF-PS 2012 是主要针对家庭住户的抽样调查，抽取的样本是根据城市、社区等随机抽样的，因而遗漏了部分居住在由单位提供的临时宿舍或者居住在工作地点附近搭的简易房、工棚等其他安置场所中的农业转移人口。这样将导致统计的农业转移人口中家庭成员拥有房屋全部产权或部分产权的比例有偏，严重高估了农业转移人口中住房的产权拥有率。除此之外，大约 7% 的农业转移人口借居在亲戚或朋友的房子中，居住廉住房和公租房的比例总和也未超过 10%，超过 16% 的农业转移人口居住在从市场上租的商品房中。而城镇居民中，仅约有 4% 的人居住在保障性住房中，不到 2% 的人租住在市场的商品房中。说明相对城镇居民，农业转移人口租房的市场需求更大，政府提高的公租房和廉租房并不能完全满足该需求。加之农业转移人口面临的低收入制约，其在城镇的租房花费将大大提高他们在城市生活的成本。《中国流动人口发展报告（2011）》基于 2010 年流动人口监测调查数据统计发现，2010 年全国农业转移人口的房租支出已经超过其家庭总支出的 20%，有 40% 以上的农业转移人口认为目前的房租已经达到或超过其承受的能力。

除了所居住房屋的产权之外，人均住宅面积也能从侧面反映出农业转移人口和本地城镇居民的收入水平以及在城市生活的状况。本节从整体和地区层面分别探讨了农业转移人口与城镇居民的人均居住面积，如表 3 - 3 所示。

表 3 - 3　　　农业转移人口和城镇居民人均居住面积的比较

	人均居住面积（平方米/人）				
	整体	直辖市	东部省份	中部省份	西部省份
农业转移人口	39.62	26.01	39.76	47.07	39.79
城镇居民	41.34	38.55	38.32	46.46	46.30

资料来源：CFPS 2012 微观调查数据集。

由表 3-3 可知，从整体上来说，农业转移人口的人均居住面积为 39.63 平方米/人，而城镇居民的人均居住面积为 41.34 平方米/人，农业转移人口比城镇居民人均居住面积低 2 平方米/人左右。分地区来看，直辖市中两者的人均住宅面积差距最大，农业转移人口的人均居住面积比城镇居民低了 12.54 平方米/人（38.55—26.01）。而除直辖市之外的中东部省份，两者均无显著差异。西部省份中，城镇居民的人均住宅面积高出 6 平方米/人左右。说明，在我国的特大城市和西部省份中，农业转移人口与城镇职工的住房状况存在很大的差距。正如上文提到的，由于 CFPS 抽样调查设计的原因，遗漏了部分生活在由单位提供的临时宿舍和在建筑工地搭建的简易房、公棚等安置场所的农业转移人口，这部分农业转移人口往往七八个人，甚至十几个人挤住在狭小的空间中，住宿条件极为简陋。如果将这一部分农业转移人口考虑进来，那么两者之间的人均居住面积差距将进一步拉大。

上述的统计结果表明，农业转移人口在城镇的住房方面与城镇居民存在巨大的差距，该差距不仅体现在对现有住宅的产权上，而且还体现在人均居住面积上。除此之外，相对于农业转移人口的租房需求，保障性住房供给的比例较低。随着城镇化的深入，住房保障问题已经成为农业转移人口是否在城市持续工作生活的关键性问题。如何将更多的农业转移人口纳入住房保障范畴，使大量的农业转移人口与城市居民享有平等的基本住房保障，是未来政策改革的重点方向。

二 非农雇用工作福利及社会保险问题

工作福利是对雇用的工作人员提供的除去工资以外的各种货币或非货币外的激励或保障措施，比如雇主为员工提供交通补贴、餐费补贴以及住房补贴等。本节主要筛选过去一年里到城镇地区参加非农工作的农业转移人口，以及在城镇工作的本地城镇居民样本。得到有效的农业转移人口样本量为 4227 人（样本来源不局限于城市地区，也包括在农村地区调查的，已经返乡的农业转移人口），有效的本地城镇居民样本量为 1568 人，农业转移人口与城镇职工的工作福利比较具体见表 3 - 4。

表 3 - 4　　　　农业转移人口与城镇职工的工作福利比较　　　单位：%

	农业转移人口	城镇居民
现金福利		
交通补贴	3.05	10.01
餐费补贴	6.32	8.35
住房补贴	1.73	1.28
其他现金福利	1.21	1.85
实物福利		
免费早/中/晚餐	26.26	23.02
免费住宿	10.60	4.59
单位配车/班车	0.71	1.98
购物卡/购物券	0.76	3.51
其他实物福利	0.78	1.34

资料来源：CFPS 2012 微观调查数据集。

从表 3 - 4 的统计结果来看，农业转移人口享有各项现金福利的比例均低于城镇居民，但在实物福利方面，如免费早/中/晚餐以及免费住宿的比例上比城镇居民高，在单位配车/班车、购物卡/购物券以及其他实物福利方面也都低于城镇居民。实际上，许多雇主为农业转移人口提供免费的吃住，主要由其工作性质决定的，农业转移人口主要从事建筑业和制造业、餐饮服务业等相关的工作，用人单位专门雇人负责他们的日常饮食，但是他们的居住饮食条件往往简陋。在其他有关生活补贴的工作福利方面，农业转移人口与城镇居民之间仍存在较大的差距。

基本养老保险与失业保险、基本医疗保险、工伤保险、生育保

险等共同构成现代社会保险制度。能否享有该社会保险制度，对于
农业转移人口与城镇居民而言，都具有重要的意义，因为社会保险
制度为他们解决了许多后顾之忧。剔除上述样本中回答为不知道或
不适应该问题的个体后，得到有效的农业转移人口样本量为3782
人，有效的城镇居民样本量为1440人。具体地，农业转移人口和城
镇居民的社会保险参与率如表3-5所示。

表3-5　　　　　农村转移人口与城镇居民的社会保险比较　　　　单位：%

	农业转移人口	城镇居民
养老保险	11.92	37.15
医疗保险	2.78	4.51
失业保险	0.16	0.28
工伤保险	8.17	1.32
生育保险	0.08	0.35

资料来源：CFPS 2012 微观调查数据集。

从表3-5的统计结果来看，过去一年参加的非农雇用工作为农
业转移人口提供的养老保险、医疗保险、失业保险、工伤保险以及
生育险的比例分别为11.92%、2.78%、0.16%、8.17%和
0.08%，而为城镇居民提供这五种保险的比例分别为37.15%、
4.51%、0.28%、1.32%和0.35%。其中，农业转移人口的养老保
险参保率与城镇居民养老保险参保率差距最大，比城镇居民低了
26%左右。除了工伤险之外，其他保险覆盖率均比城镇居民低。主
要是农业转移人口长期在高污染、高危的环境下工作，雇主为他们
提供工伤保险十分必要，国家的相关劳动法规中也给出了明确的规
定。虽然农业转移人口工伤险的覆盖率达到了8.17%，但是与他们
从事高危工作的比例相比，该覆盖率仍然偏低。总体来说，就各类
社会保险的实际参保率来看，距离"建立全覆盖全民的完善的社会
保障体系"发展目标仍然存在较大差距。对于农业转移人口而言，

更是缺乏相应的社会保障。

三 老年人的医疗养老保险问题

农业转移人口群体中，老年人的养老医疗保险等问题也同样值得关注，农业转移人口中的老年人主要是随迁老人。随迁老人一般认为是跟随子女或其他亲人离开原居住地，与子女或其他亲人在流入地共同生活的迁移老人。这些随迁老人跟随子女来到城镇生活，一方面，面临着在城市的文化、语言融合以及家庭隔代照顾的问题；另一方面，由于户籍制度及其他社会政策的限制而导致其不能维持原住地的社会福利，尤其在医疗养老保险上，使随迁老人面临着巨大的心理压力。

目前，由于户籍制度的限制，导致了随迁老人在迁移过程中享有的社会保障存在流动障碍，致使他们的生活水平相对于原来居住地反而下降了，增加了老人及家庭的经济负担。以医疗保险和养老保险为例，当前随迁老人面临着看病难、看病贵、异地报销手续复杂、报销条件严苛等问题。绝大多数的随迁老人都没有养老保险，或仅拥有金额较少的农村养老保险，远不足以支撑其在城市的生活开销。农业转移人口中随迁老人作为社会群体中的一个重要部分，却极易受到忽视，现阶段我国财政制度、户籍制度以及社会保障制度的不完善对随迁老人在城市的融合问题具有极大的阻碍作用。接下来，主要对农业转移人口中的老年人与城镇居民中的老年人在享有的医疗保险和养老保险方面进行对比。

根据 CHIPS 2012 年调查时间点上，我国老年人退休年龄的限定，我们选取男性大于 60 岁，女性大于 55 岁的样本，或者已经退休的样本（内退年龄可能小于法定退休年龄）作为对比研究的对象。剔除个别异常样本后，得到有效的农业转移人口老年人样本数量为 144 人，有效的本地城镇居民老年人样本数量为 2327 人。① 表

---

① 农业转移人口样本数量较少的原因是 CFPS 2012 调查的农业转移群体中主要以青壮年的劳动力为主，随迁老人人数占比较低。

3－6和表3－7分别给出了农业转移人口与城镇居民老年人参与医疗保险、养老保险①情况的比较。

表3－6　　农业转移人口与城镇居民老年人参与医疗保险的比较　　单位：%

	农业转移人口	城镇居民
公费医疗	1.38	14.35
城镇职工医疗保险	4.83	38.65
城镇居民医疗保险	1.38	21.18
补充医疗保险	0	0.69
新农村合作医疗保险	73.10	8.55
以上都没有	19.31	17.27

资料来源：CFPS 2012微观调查数据集。

从表3－6的统计结果来看，虽然超过80%的农业转移人口和城镇居民均享有医疗保险，但不同的是农业转移人口的医疗保险主要以新农村合作医疗保险为主，73.10%的农业转移人口参保了新农村合作医疗保险，而城镇居民的医疗保险主要以公费医疗、城镇职工医疗保险以及城镇居民医疗保险为主。新农村合作医疗保险与

---

① "基本养老保险"是国家根据法律、法规的规定，强制建立和实施的一种社会保险制度。在这一制度下，用人单位和劳动者必须依法缴纳养老保险费，在劳动者达到国家规定的退休年龄或因其他原因而退出劳动岗位后，社会保险经办机构依法向其支付养老金等待遇，从而保障其基本生活。

"企业补充养老保险"是指在国家基本养老保险的基础上，依据国家政策和本企业经济状况建立的、旨在提高职工退休后生活水平、对国家基本养老保险进行重要补充的一种养老保险形式。

"商业养老保险"是以商业性保险机构为承保人，以获得养老金为主要目的的长期人身险。

"农村养老保险"是指以前各地开展的以农民自己缴费为主，是农民自我储蓄式的农村养老保险。

"新型农村社会养老保险"是指2008年以来开展的采取社会统筹与个人账户相结合的基本模式和个人缴费、集体补助、政府补贴相结合的筹资方式的农村养老保险。

"城镇居民养老保险"是针对不符合职工基本养老保险参保条件的城镇非从业居民而实施的养老保险项目，主要由个人缴费和政府补贴构成。"城乡居民社会养老保险"是指城镇居民养老保险与农村养老保险相衔接、整合的新型养老保险。

公费医疗、城镇职工医疗保险、城镇居民医疗保险的使用限制以及医疗保险比例都存在较大的差别，参保新农村合作医疗保险的居民必须只能去指定的农村合作医疗点看病就医，且报销比例比其余三者均低。虽然相比较而言，新农保的缴费较低，但是享受的医疗服务不平等程度更大。

城镇居民中的老年人享有公费医疗的比例达到了 15% 左右，而 144 个农业转移人口老年人中，仅 2 人享受到了公费医疗。在上文中提到，农业转移人口老年人即便参与了新农村合作医疗保险，仍面临着在城镇地区看病难、看病贵、异地医疗费用保险流程复杂、报销条件严苛等问题。由此可知，城镇居民的老年人比农业转移人口享有更为健全、可靠的医疗保障。实际上，对于农业转移人口老年人而言，定期体检和疾病的预防更为重要，大病如果不能及时发现，就会错过最佳的治疗时期。因此，为农业转移人口老年人提供定期的身体检查更为重要。由于相关的社会保障体系不完善，农业转移人口老年人更加容易沦为城镇社会的弱势群体。

从表 3 - 7 的统计结果来看，144 个农业转移人口老年人样本中，仅 59 人（占 41%）至少领取了上述养老保险或补助中的一项，

表 3 - 7　农业转移人口与城镇居民老年人参与养老保险的比较　单位:%

	农业转移人口	城镇居民
基本养老保险	0	1.07
企业补充养老保险	0	4.21
商业养老保险	0	0.69
农村养老保险（老农保）	9.03	1.42
新型农村养老保险（新农保）	24.31	2.45
城镇居民养老保险	0	11.43
城乡居民养老保险	0	2.11
高龄老人养老补助	8.33	5.63

资料来源：CFPS 2012 数据集。

而 2327 个城镇居民老年人样本中，仅 628 人（占 27%）至少领取了上述保险或补助中的一项。其中，59 个农业转移人口老年人领取的养老金仅来源于老农保、新农保以及政府给予的高龄老人养老补助，没有领取基本养老金、企业补充养老金以及商业养老金等。相比其他养老金，老农保和新农保的养老金主要是按照当地农村的基本生活水平提供的，不足以维持其在城市的生活。因此，从表 3 - 7 的统计结果来看，农业转移人口老年人获得养老金的比例低、来源单一以及数额较低等问题。这极大地增加了农业转移人口老年人在城市生活的家庭经济负担。

从上述的农业转移人口与城镇居民老年人参与医疗保险和养老保险的比较结果来看，农业转移人口与城镇居民老年人的医疗保险覆盖率不存在显著的差异，均超过了 80%，但是城镇居民中的老年人具有更大的比例享有公费医疗。城镇居民老年人比农业转移人口老年人享有更为健全、可靠的医疗保障体系。相比城镇居民老年人，虽然农业转移人口老年人的养老保险覆盖比例更高，但是他们的养老保险呈现出形式单一、保险金额低等特征，单靠养老保险，不足于维持其在城镇的生活。

第二节　农业转移人口与城镇居民对基本公共服务满意度的差异

政府提供基本公共服务旨在满足社会公众对于公共服务的需求，在城镇地区，社会公共既包含本地居民又包含外来流动人口，既包含城镇居民又包含农业转移人口。在判断农业转移人口在城镇地区享受公共服务均等化问题，对政府的公共服务绩效进行分析时，不应该仅从客观的角度进行对比分析，还应该结合社会公众的主观评价。因为个体对公共服务的需求层次不同，主观评价也存在差异性。在第一节中，我们从住房、社会保障以及医疗养老保险的角度出发，对比研究了农业转移人口与城镇居民在享有公共服务上的客观差异。接下来，本节将从主观视角出发，对比农业转移人口与城镇居民对基本公共服务满意度的主观差异。

CFPS 2012 数据集对我国 25 个省区的居民在就业、教育、医疗、住房和养老保障等问题进行了调查。居民对上述问题的严重程度进行了打分，10 代表非常严重，0 代表不严重，从 0 到 10 代表严重程度不断上升。所以，该指标反映的是居民对于公共服务的不满意程度，分数越高，说明不满意程度越高；反之，则越低。这里我们对该数据进行简单的处理，用 10 减去原始数据，得到的是对于公共服务满意程度的度量。由于主要对比的是农业转移人口与本地城镇居民对公共服务满意度的差距，我们剔除在城镇地区调查的外地城市户籍人口样本，以及异常值样本后，得到有效的农业转移人口样本量为 981 人，有效的城镇居民样本量为 6299 人。表 3 - 8 给出了农业转移人口与城镇居民的公共服务满意度。

表 3 - 8　　　　　农业转移人口与城镇居民的公共服务满意度

	农业转移人口	城镇居民	两者差异
就业问题	3.950	3.560	0.390 ***
教育问题	4.360	4.270	0.090
医疗问题	4.210	3.890	0.320 ***
住房问题	3.910	3.830	0.080
社会保障问题	4.260	4.300	0.040

注：*、**和***分别表示在 10%、5% 和 1% 的水平下显著，以下各表同。

资料来源：CFPS 2012 微观调查数据集。

表 3 - 8 的统计结果表明，在教育问题、住房问题以及社会保障问题这三类基本公共服务上，农业转移人口与本地城镇居民之间不存在显著的差异，但是在就业问题和医疗问题上，农业转移人口的满意度显著高于城镇居民。该结论与上文中，我们得到的农业转移人口与

城镇居民在享有基本公共服务上的客观差距相反。主要原因包含以下两点，其一，相比城镇居民，进城务工的农业转移人口多为青壮年劳动力，且人力资本水平、技能水平较低，他们在城市主要从事低端的、收入较低、需求量大的工作。有一部分农业转移人口是通过亲人、朋友或老乡介绍找到工作后才进城的，再加上之前各大城市出现的"用工荒"等问题，相对而言，农业转移人口对就业问题的担忧更少。同样，由于大多数农业转移人口是健康状况良好的青壮年群体，他们对健康问题的关注也较少，相对而言，对医疗问题的满意度较高。其二，相对于城镇居民，在城镇务工的农业转移人口更加容易满足，或者他们更多地关注在城镇的工作机会、工资收入等问题，对于享有的基本公共服务问题则关注得较少。因而虽然他们在客观上，与城镇居民享有的基本公共服务具有较大的差距，但是主观的公共服务满意度上却没有显著差异，甚至在就业和医疗问题上具有更高的满意度。

第三节　本章小结

本章主要基于 CFPS 2012 家庭调查数据库，对比研究农业转移人口与城镇居民在基本公共服务上的客观差距，以及两者对公共服务满意度的主观差异。研究结果表明，农业转移人口与城镇居民在住房保障、工作福利、社会保障以及医疗养老保险覆盖率等公共服务方面具有较大的客观差距，但是，从主观角度来看，农业转移人口对基本公共服务的满意度不但不低于城镇居民，反而在就业和医疗上的主观满意度显著高于城镇居民。这主要是由于两组人之间的群体异质性、现实状况以及主观心理特征所决定的。

确保农业转移人口与城镇居民享有均等的基本公共服务是市民化政策的根本所在。目前，我国户籍制度改革还需进一步深化，归根结底是因为户籍制度上附加了太多的基本公共服务资源。基于保障基本、循序渐进的原则，采取一定的措施确保农业转移人口在住房、就业、医疗卫生、养老等方面与城镇居民的基本公共服务均等化，不仅有利于农业转移人口尽快融入城市，而且有助于促进社会公平。

第四章

农业转移人口的现实困境：
就业不平等与工资差距

  在以往的城镇化建设体系下，政府更为关心的是土地的城镇化，仅为乡—城流动人口的迁移扫除了最为基础性的流动障碍，而在农业转移人口的工资收入、基本公共服务和社会保障层面上并未给予更多的关注和支持，导致农业转移人口在城镇就业市场上缺乏保障、面临歧视，甚至受到排斥。因此，预期在没有充分的制度保障前提下，农业转移人口在城镇劳动力市场上将长期处于不利地位。具体地，从经济社会地位层面来看，与城镇职工相比，农业转移人口大多从事工作环境差、劳动时间长、技术含量低的工作。农业转移人口不但很难进入津贴、福利较好的工作单位，甚至连基本的劳动权利保障都存在空缺，即使他们和城镇职工从事相同的职业，也面临着同工不同酬的歧视。为了更清晰地了解在缺乏充分的市民化政策保障下，农业转移人口在城镇劳动力市场的就业状况以及工资差距，本章采用 CHIPS 2007 数据集中的城镇住户以及流动人口调查数据子集，研究农业转移人口在城镇劳动力市场上面临的与城镇居民在就业机会上的差异以及工资差距等问题。

  本章的研究数据来源于 CHIPS 2007 数据集，使用包括城镇住户、农村住户以及流动人口在内的三个数据集。CHIPS 2007 包含5000 个城镇家庭、8000 个农村家庭以及 5000 个流动人口家庭的样本，其调查范围覆盖了全国的 9 个省份 15 个城市，主要集中在农业转移人口流入和流出最大的几个省份和城市，其中包括河北、江苏、浙江、安徽、河南、湖北、广东、重庆和四川。样本的调查采取的是分层随机抽样原则，保证了样本具备良好的代表性。CHIPS 2007 中的城镇和农村住户调查数据是由国家统计局执行，而流动人口的调查由北京师范大学收入分配研究院执行。每轮调查都在年初进行，主要询问前一年详细的家庭成员人口统计学特征、教育及培训、就业经历、子女教育、家庭社会关系及生活事件等信息。

与其他微观调查数据库不同的是，CHIPS 2007 数据库中专门针对流动人口设计了调查问卷，对流动人口的个人基本情况，进城务工以来的就业信息，甚至老家的外出打工情况等都进行了详细的调查。有助于我们对农业转移人口在城镇的就业情况进行更为准确的定位。接下来，基于 CHIPS 2007 数据库，本章将深入对比农业转移人口与城镇居民在就业部门、职业分布和流动上的差别来分析两者之间在就业机会上的差异，进一步对比农业转移人口与城镇职工的工资差距以及工资差距的动态变化。

第一节　农业转移人口与城镇居民就业机会的差异

本节的内容主要包括以下两个方面：其一，研究户籍因素对就业门槛和职业分布的影响，并以部门进入与职业获得的概率差异，来测度农业转移人口与城镇居民在就业机会上的差异；其二，分析农业转移人口的职业流动情况。对于农业转移人口而言，与城镇职工具有相同的概率进入福利待遇较好的部门、从事工资收入较高的职业，是其在城镇劳动力市场上实现与城镇职工就业机会平等的第一步。能进一步实现职业向上攀升，获得与城镇职工相同的职业向上流动概率，是其进一步融入城镇劳动力市场的信号。因此，本节将从以上两个方面内容着手，分析农业转移人口与城镇职工就业机会的差异。

一 农业转移人口与城镇居民在就业部门和职业分布上的差异

改革开放 40 多年，我国的经济从集中的计划经济模式开始向市场化的模式逐渐转型。在这个过程中，经历了部门所有制结构的改革：从 1992 年党的十四大确定以公有制为主体，多种所有制经济并存，确定了非国有经济的合法地位到 1997 年党的十五大强调"调整和完善所有制结构""抓好大的，放活小的"，市场经济体制不断完善，大量国有部门经历了转股、合并等浪潮。我国的经济体制由改革前的单一国有部门，分化成为国有部门、集体部门、私营部门等共存的混合经济结构。相关研究表明，在这个过程中，相比民营部门，国有部门的收入水平经历了一个从折价到溢价的过程。从 2003 年开始，国有部门凭借着国有体制所掌握的资源，超越了民营部门的工资收入水平，并逐渐拉开了差距。在这个过程中，国有部门的就业人数逐渐下降，而民营部门的人数逐渐上升（余向华等，2011）。因此，部门之间的差异也就意味着收入水平的差距，所以研究者对国有部门和非国有部门的工资差距进行了深入的研究（Zhao，2002；邢春冰，2005），这里就不再赘述。值得注意的是，随着国有部门的溢价现象出现，国有部门的进入门槛逐渐上升。同时，由于户籍因素的存在，农业转移人口进入国有部门更加难上加难。因而，余向华等（2012）认为，政府在考量部门工资差异时，应当重视导致个体在进入国有部门与非国有部门的体制性机会不平等，因为这比单纯的由于国有部门的溢价所带来的不平等更加严重。

除了部门差异外，农业转移人口与城镇居民职业分布的差异也同样值得关注。社会学家采用不同的职业类别来对社会阶层进行划分。他们认为，个人所从事的职业在一定程度上反映了他的经济社会地位，因为职业不仅与个人的教育水平、健康程度等挂钩，而且还影响个人的政治参与度。因此，与相同个体特征的城镇居民享有同等的进入某一具体职业阶层的基本权利，也是农业转移人口在城镇劳动力市场上享有平等就业机会的一个重要表现形式。所以，本节将采用就业部门和职业分布的差异，来研究农业转移人口和城镇居民在城镇劳动力市场上就业机会的不平等性。

（一）变量的描述性统计分析

基于本节所研究的问题，对 CHIPS 2007 的城镇居民和流动人口调查数据集进行了如下处理：①将样本限制在 16—65 岁且有工作的劳动者中，并且剔除了城镇居民和流动人口中从事与农业工作相关的样本；②仅保留了流动人口中具有本地农业户籍和外地农业户籍的样本①，城镇居民中具有非农户籍的样本；③剔除了城镇居民和流动人口中缺失教育水平、就业部门或职业等关键变量的样本。

最终，我们得到了 6543 个城镇居民样本，6481 个农业转移人口样本。表 4 - 1 给出了具体描述性的统计结果。

表 4 - 1 变量描述性统计

变量	农业转移人口		城镇居民	
	均值	标准差	均值	标准差
样本量	6481	—	6543	—
工资（小时）	5.721	3.702	12.650	17.840
工作时长（天）	9.110	2.570	6.280	2.010
年龄	31.33	9.980	40.32	9.840
性别：男性 = 1，女性 = 0	0.590	0.490	0.560	0.500
工作经验	7.760	6.270	21.96	11.55
民族：汉 = 1；其他 = 0	0.980	0.130	0.990	0.100
健康程度：非常好 = 1；好 = 2；一般 = 3；不好 = 4；非常不好 = 5	1.760	0.740	2.090	0.710

---

① 书中我们将生活在城镇，但是户籍类型为农业户籍的流动人口定义为农业转移人口。

续表

变量	农业转移人口		城镇居民	
	均值	标准差	均值	标准差
正规教育年限	9.050	2.420	12.19	3.330
学历水平：				
小学及以下学历	0.130	0.340	0.030	0.160
初中学历	0.570	0.500	0.180	0.390
高中学历	0.260	0.440	0.360	0.480
大学及以上学历	0.040	0.190	0.420	0.490
婚姻状况：				
已婚/同居	0.620	0.490	0.970	0.170
离婚/丧偶	0.010	0.120	0.030	0.160
未婚	0.370	0.480	0.000	0.000
就业部门：				
部门1：党政机关事业单位	0.050	0.210	0.370	0.480
部门2：国有企业	0.040	0.200	0.190	0.390
部门3：集体企业	0.400	0.490	0.170	0.370
部门4：中外合资/外企独资企业	0.120	0.330	0.130	0.330
部门5：个体/私营企业	0.390	0.490	0.150	0.350
职业类别：				
职业1：机关企事业单位负责人、专业技术人员或办事人员	0.070	0.250	0.550	0.500
职业2：商业和服务人员	0.250	0.440	0.160	0.360
职业3：生产、运输设备操作人员	0.520	0.500	0.220	0.420
职业4：个体户以及其他不便分类的职业	0.160	0.370	0.070	0.250

从表4-1的描述性统计结果来看，农业转移人口与城镇居民在工资收入、年龄、性别、教育水平以及所在的工作单位、所从事的行业和职业等方面都有显著的差别。从小时工资收入来看，农业转移人口的平均小时工资为5.721元，而城镇居民的小时工资为12.650元，大约是农业转移人口小时工资收入的2倍。从年龄和性别来看，农业转移人口的平均年龄大约为31岁，比城镇居民年轻9

岁左右，而且其中男性的比例占了59%，比城镇居民中男性的比例高出3%。说明相比城镇居民，农业转移人口群体主要以年轻的男性为主体。从教育水平来看，农业转移人口的教育水平普遍低于城镇居民，平均来说，农业转移人口接受正规教育的年限为9年左右，而城镇居民接受正规教育的年限大约为12年。从学历分布来看，70%的农业转移人口拥有初中及以下的学历，而80%以上的城镇居民拥有高中及以上的学历。从就业单位来看，低于10%的农业转移人口集中在党政机关事业单位或国有企业，40%的农业转移人口就业于集体企业，39%的农业转移人口就业于个体/私营企业；而超过50%的城镇居民分布在党政机关事业单位和国有集体企业，仅有少数居民就业于集体企业、外企、合资企业或个体/私营企业。从职业分布来看，城镇居民中，机关企事业单位负责人、专业技术人员或办事人员超过了70%，而农业转移人口中，超过50%的集中在生产、运输设备操作相关的职业；大约25%的成为商业、服务业人员。具体地，农业转移人口与城镇职工的职业分布和部门分布情况如图4-1（a）和图4-1（b）所示。

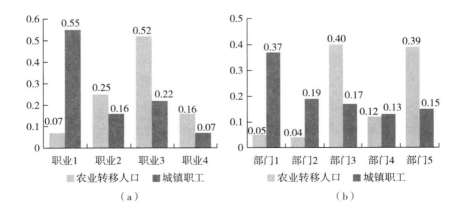

图4-1 农业转移人口与城镇职工的职业分布

接下来，本节对具体职业和部门内部的工资收入的中位数水平进行了统计。具体统计结果如表 4-2 和表 4-3 所示。

表 4-2 　　　　　　不同职业内小时工资的中位数　　　　单位：元/小时

	农业转移人口	城镇居民	整体
职业 1：机关企事业单位负责人、专业技术人员或办事人员	6.319	11.667	11.667
职业 2：商业和服务人员	6.098	7.788	6.667
职业 3：生产、运输设备操作人员	4.564	6.667	4.958
职业 4：个体户以及其他不便分类的职业	4.000	5.833	4.667

表 4-3 　　　　　　不同部门内小时工资的中位数　　　　单位：元/小时

	农业转移人口	城镇居民	整体
部门 1：党政机关事业单位	5.556	11.667	10.500
部门 2：国有企业	6.439	9.917	8.867
部门 3：集体企业	5.000	7.875	5.833
部门 4：中外合资/外企独资企业	6.611	10.500	7.933
部门 5：个体/私营企业	4.167	6.222	4.667

　　从表 4-2 的统计结果显示，几乎在每一职业的内部，农业转移人口的小时工资水平均低于城镇居民。而且无论在农业转移人口群体中，还是在城镇居民群体中，从职业 1 到职业 4 的收入的中位数水平依次递减。从整体来看，职业 1 的小时工资中位数水平最高，约为 11.667 元/小时；其次是商业和服务人员，小时工资的中位数为 6.667 元/小时；接着是生产、运输设备操作人员，小时工资的中位数为 4.958 元/小时；最低的是个体户以及其他不便分类的职业，小时工资的中位数为 4.667 元/小时。表 4-1 的描述性统计结果以及图 4-1（a）显示，农业转移人口 90% 以上集中在后三类职业中，而后三类职业的小时工资中位数比第一类职业的小时工资中位数低了 50% 左右。因此，我们可以认为大多数的农业转移人口集中

在工资收入较低的职业，而且即使与城镇居民从事相同的职业，小时工资收入也低于城镇居民。

表4-3的统计结果显示，与各职业内部的小时工资收入一样，在各部门内，农业转移人口的小时工资的中位数均低于城镇职工的小时工资中位数。从图4-1（b）可以发现，接近80%的农业转移人口集中在部门3（集体企业）和部门5（个体/私营企业）中，而表4-3显示无论是在农业转移人口群体中，还是在城镇居民群体中，这两个部门的小时工资中位数均比其他部门小时工资中位数低。换句话说，农业转移人口主要集中在工资收入较低的部门。图4-1（b）的结果显示，城镇居民群体中接近40%的人集中在部门1（党政机关事业单位），而在五个部门中，部门1（党政机关事业单位）的平均小时工资中位数最高。由此可见，相对于农业转移人口，城镇居民更多的是集中在工资收入较高的部门内部。从整体来看，部门1（党政机关事业单位）的小时工资中位数最高，为10.500元/小时；其次是部门2（国有企业）和部门4（中外合资/外企独资企业），分别为8.867元/小时和7.933元/小时；最后是部门3（集体企业）和部门5（个体/私营企业），分别为5.833元/小时和4.667元/小时。与表4-2的结果类似，从表4-3我们可以知道，农业转移人口主要集中在小时工资收入较低的部门内，而且即使与城镇居民分布在相同的部门内，小时工资收入也低于城镇居民。

（二）职业与部门分布差异的影响因素分析

表4-2和表4-3的统计结果显示，与城镇居民相比，农业转移人口主要集中在小时工资收入较低的职业与部门内，即使在相同职业和部门内，小时工资收入也低于城镇居民。同时，表4-1的描述性统计结果显示，农业转移人口与城镇居民在年龄结构、教育水平以及婚姻状况等方面均存在较大的差别。那么，农业转移人口与城镇居民在部门进入以及职业获得上的概率不同是否完全是由个人的特征所决定的？还是由于户籍歧视的存在所导致？接下来，本节

将采用多类别 Logit 模型来重点探讨这一关键问题。

$$p_{ij} = prob(y_i = occupation_j \mid Z_i) = \frac{\exp(Z_i\alpha_j)}{\sum_{j=1}^{J} \exp(Z_i\alpha_j)}, \quad i = 1, \cdots, N;$$

$$j = 1, \cdots, J \tag{4-1}$$

其中，N 代表样本总量，J 代表职业或部门的种类，Z_i 代表一系列影响个体 i 进入职业（部门）j 的因素。根据表 4-1 描述性统计分析的结果，我们把职业分成四个大类：职业 1——机关企事业单位负责人、专业技术人员或办事人员；职业 2——商业、服务业人员；职业 3——生产、运输设备操作人员；职业 4——其他不便分类的职业。同样，我们把部门分为五大类，部门 1——党政机关事业单位；部门 2——国有企业；部门 3——集体企业；部门 4——中外合资/外企独资企业；部门 5——个体/私营企业。在接下来的职业选择模型中，将职业 3——生产、运输设备操作人员视为对照组；部门选择模型中，将部门 5——个体/私营企业视为对照组。

为了深入分析农业转移人口与城镇居民具体进入每一类职业和每一类部门的概率是否存在显著差别，本节将建立多类别 Logit 回归模型，在控制其他影响职业选择或部门进入因素的基础上，加入农业转移人口的虚拟变量。表 4-4 和表 4-5 将分别给出职业选择和部门进入的多类别 Logit 模型的估计结果。

表 4-4　　　　　　　职业选择的多类别 Logit 回归结果

	职业 1	职业 2	职业 4
农业转移人口	-2.0787 ***	-0.2282 *	1.1337 ***
	(0.121)	(0.119)	(0.117)
性别	-0.0340	0.2303 ***	0.0928
	(0.062)	(0.072)	(0.066)
民族	0.1260	0.0179	-0.3050
	(0.261)	(0.276)	(0.246)

续表

	职业 1	职业 2	职业 4
健康	− 0.0522	0.0332	− 0.0078
	(0.043)	(0.047)	(0.043)
离婚/丧偶	− 0.3992 **	− 0.5313 **	− 0.2430
	(0.193)	(0.222)	(0.217)
未婚	0.3765 ***	0.0450	− 1.3537 ***
	(0.126)	(0.105)	(0.112)
初中学历	0.1830	0.1030	− 0.1978 **
	(0.154)	(0.126)	(0.097)
高中学历	1.0420 ***	0.1760	− 0.3232 ***
	(0.153)	(0.134)	(0.111)
大学及以上学历	2.2223 ***	0.3334	− 0.2030
	(0.163)	(0.166)	(0.158)
经验	0.0089	0.0187 *	0.0306 ***
	(0.010)	(0.011)	(0.010)
经验的平方	0.0002	− 0.0002	− 0.0002
	(0.000)	(0.000)	(0.000)
省份	固定	固定	固定
行业	固定	固定	固定
常数项	1.4058	0.3680	1.4816
	(0.802)	(0.939)	(0.882)
样本量	13024		
LR	13536.43		
伪 R²	0.3981		

注：括号中位稳健的标准差，以下各表同。

本节主要以职业 3 作为风险比①的对照组。从表 4 − 4 第一列职

---

① 职业 m 的风险比（risk − ratio）可以表示为 $\dfrac{P\ (Y_i = m)}{P\ (Y_i = k)}$，其中职业 k 为对照组，描述的是相对获得职业 k 而言，获得职业 m 的机会比率。

表 4 - 5 　　　　　　　　　　部门进入的多类别 **Logit** 回归结果

	部门 1	部门 2	部门 3	部门 4
农业转移人口	- 2.4374 ***	- 2.1456 ***	- 0.3441 ***	- 1.2100 ***
	(0.138)	(0.141)	(0.096)	(0.122)
性别	0.0782	0.1010	- 0.0002	- 0.0057
	(0.070)	(0.078)	(0.054)	(0.071)
民族	0.0042	0.8712 **	0.0560	- 0.0987
	(0.288)	(0.399)	(0.208)	(0.274)
健康	- 0.0031	- 0.0158	- 0.0144	0.0016
	(0.047)	(0.052)	(0.035)	(0.048)
离婚/丧偶	- 0.1070	- 0.0735	- 0.0802	0.0088
	(0.215)	(0.247)	(0.185)	(0.244)
未婚	0.3833 **	0.5478 ***	0.2552 ***	0.102
	(0.149)	(0.152)	(0.074)	(0.106)
初中学历	0.3422 **	0.5278 ***	0.2482 ***	0.6703 ***
	(0.151)	(0.180)	(0.085)	(0.149)
高中学历	0.8273 ***	1.2032 ***	0.5786 ***	1.0420 ***
	(0.155)	(0.184)	(0.094)	(0.156)
大学及以上学历	1.7362 ***	1.7534 ***	0.8731 ***	1.6806 ***
	(0.172)	(0.202)	(0.127)	(0.180)
经验	- 0.0035	- 0.0061	- 0.0304 ***	- 0.0370 ***
	(0.011)	(0.013)	(0.009)	(0.012)
经验的平方	0.0001	0.0002	0.0002	- 0.0001
	(0.000)	(0.000)	(0.000)	(0.000)
省份	固定	固定	固定	固定
行业	固定	固定	固定	固定
常数项	0.4980	- 2.0448 ***	- 0.7820	- 1.8418 **
	(0.583)	(0.759)	(0.624)	(0.757)
样本量	13024			
LR	10195.30			
伪 R²	0.2535			

业 1 风险比的影响因素回归结果来看，农业转移人口虚拟变量的估计系数为负，说明相比城镇职工，农业转移人口更加有可能从事职业 3 而非职业 1。主要因为职业 3（生产、运输设备操作人员）对户籍和技能要求的门槛较低，相比职业 1（机关企事业单位负责人、专业技术人员或办事人员），农业转移人口进入职业 3（生产、运输设备操作人员）的成本更低，所以相对城镇职工，农业转移人口更容易从事职业 3 而非职业 1。同样，在第二列影响职业 2（商业、服务业人员）风险比的因素中，农业转移人口虚拟变量的估计系数为负，说明相比城镇职工，农业转移人口从事职业 2 的概率比从事职业 3 的概率低。农业转移人口进入对照组——职业 3（生产、运输设备操作人员）后，主要从事建筑业、制造业等重体力、高危的工作，相对职业 2（商业、服务业人员）而言对技能的要求程度更低，所以农业转移人口更加容易集聚在该职业内。值得注意的是，在第三列影响职业 4 风险比的因素中，农业转移人口虚拟变量的估计系数为正。说明相比职业 3（生产、运输设备操作人员），农业转移人口更有可能进入职业 4（个体户及其他不便分类的职业）中。

此外，就性别因素来说，男性虚拟变量对职业 2 的风险比有显著的负向影响，说明相比较而言，男性更有可能从事职业 3（生产、运输设备操作人员），而女性更容易进入职业 2，成为商业、服务业人员。这主要由男性和女性的群体特征所决定的，职业 3 对个人的体力要求更高，而职业 2 对个人的细心、耐心程度要求更高。男性更加适合职业 3，而女性更加适合职业 2。就教育水平而言，表 4－4 第一列的回归结果显示，相比小学及以下学历，初中及以上学历对职业 1 的风险比的影响均为正，而且学历水平越高，系数越大。说明，就职业 1 和职业 3 进入的概率进行对比的情况下，相对于职业 3，学历水平越高的人，从事职业 1 的概率越大。而第四列的回归结果，正好与第一列相反，相比小学及以下学历，初中及以上学历对职业 4 的风险比的影响均显著为负，说明就职业 3 和职业 4 进入的概率进行对比的情况下，学历高的人进入职业 3 的概率越高。
这主要是各职业对人力资本水平的要求不同而决定的，对这四类职
业进行集中对比，可以发现职业 1 对人力资本水平的要求更高；职
业 2 和职业 3 其次（两者对人力资本的要求无显著差异）；职业 4
对人力资本水平的要求最低。

　　这里主要以部门 5 作为风险比的对照组。表 4 - 5 的回归结果表
明，在控制其他因素的情况下，农业转移人口对各部门的风险比均
显著为负，说明相对其他各部门，农业转移人口具有更大的概率进
入部门 5（个体/私营部门）。对比农业转移人口虚拟变量的系数的
绝对值大小，我们可以得到农业转移人口进入各部门的相对概率大
小排序。按照进入概率从小到大排序依次为：部门 1（党政机关事
业单位）的系数为 - 2. 4374、部门 2（国有企业）的系数为
- 2. 1456、部门 4（中外合资/外企独资企业）的系数为 - 1. 2100、
部门 3（集体企业）的系数为 - 0. 3441、部门 5（个体/私营企
业）。[①] 而表 4 - 3 的统计结果也显示，五个部门按照小时工资收入
中位数的排列顺序恰好与农业转移人口进入的难易程度一致。因
此，结合表 4 - 3 的统计结果和表 4 - 5 的回归结果，可知在控制其
他因素不变的情况下，相比城镇居民，农业转移人口具有更低的概
率进入收入水平高的部门，农业转移人口与城镇居民在就业机会上
存在不平等。

　　除此之外，表 4 - 5 的回归结果还表明，相比小学及以下的学
历，初中及以上学历对各职业的风险比均具有正向的影响，而且学
历水平越高，正向的影响越大。也就是说，学历水平越高的群体，
进入除了个体/私营企业以外部门的概率越大。

　　二　农业转移人口的职业流动性分析

　　职业流动性有助于衡量农业转移人口在城镇的就业情况。因为，
流动性越高，就业市场上的摩擦越低，而且在职业阶层上从下往上

---

　　① 部门 5 为对照组。

流动，攀登职业的阶梯有助于农业转移人口真正融入城镇的劳动力市场。Chiswick（2005）在对美国劳动力市场上的移民同化进行研究时，发现移民的工资收入具有向本地居民趋同的趋势，其主要原因是他们职业的升迁。美国的移民之所以能同化，主要因为他们在美国劳动力市场上具有很高的职业升迁概率。因此，对于中国城镇劳动力市场的农业转移人口的就业状况进行研究时，我们也可以以职业流动性作为一个切入点，在上文中研究发现农业转移人口主要分布在相对收入水平低的职业和部门内部的基础上，分析他们是否存在职业升迁的渠道。本节的主要内容就是分析城镇劳动力市场上农业转移人口的职业流动性。

（一）职业转移矩阵

在对农业转移人口的职业流行性进行分析之前，我们先建立农业转移人口的职业转移矩阵，以便于接下来的分析。假设有 n 类职业，p_{ij} 表示农业转移人口进城以后从事的第一份工作职业为 i，当前工作职业为 j 的概率，由此得到职业转移矩阵 P 可以表示为：

$$P = \begin{bmatrix} p_{11} & p_{12} & \cdots & p_{1n} \\ p_{21} & p_{22} & \cdots & p_{2n} \\ M & M & & M \\ p_{n1} & p_{n2} & \cdots & p_{nn} \end{bmatrix} \qquad (4-2)$$

在 CHIPS 2007 有关流动人口的调查问卷中，既问到了样本有关当前的就业信息，又问到了第一份工作的信息。从数据中，我们提炼出有关第一份工作和当前工作所从事职业的信息。根据职业转移矩阵的构建方式，构造了如表 4-6 的职业转移矩阵。

从表 4-6 的职业转移矩阵可以发现，不但从事职业 3（商业和服务业人员）的农业转移人口未发生职业流动的概率最高，而且从事其他职业的农业转移人口极易流动到该职业 3 内。主要是由于职业 3 对户籍和专业技能的要求较低、市场需求量大。该职业内的农业转移人口容易找到工作，因此没有动机增加人力资本投资、积累专业技能，专业技能较低，导致该职业内的农业转移人口即使换工作也仅在职业内不同的职位之间流动。此外，我们还发现农业转移人口从其他职业流动到职业 1 的概率最低，主要因为职业 1 不但相对来说技能要求更高，而且与户籍的挂钩程度更大。虽然职业 1 的收入水平最高，但是其具有较高的进入门槛。总的来说，农业转移人口容易在后三类职业之间发生相互转移，尤其容易从其他职业转移到需求量大、专业技能较低的职业 3。

表 4 - 6　　　　　　　农业转移人口的职业转移矩阵

		当前工作的职业				
		职业 1	职业 2	职业 3	职业 4	汇总
第一份工作的职业	职业 1	30.77% （48）	11.64% （18）	49.36% （77）	8.33% （13）	100% （156）
	职业 2	6.16% （101）	33.60% （551）	46.10% （756）	14.15% （232）	100% （1640）
	职业 3	7.37% （124）	15.28% （257）	62.43% （1050）	14.92% （251）	100% （1682）
	职业 4	2.47% （2）	13.58% （11）	39.51% （32）	44.44% （36）	100% （81）

职业转移矩阵的结果显示，农业转移人口发生职业升迁的现象并不明显，农业转移人口更倾向于在技能要求低、收入水平低的职业内持续工作。由于难以流动到高端劳动力市场，一直主要集中在低端劳动力市场上，职业分布结构十分固化。

（二）绝对流动性

在上文中，我们采用职业转移矩阵的形式对农业转移人口的职业流动给出了一个直观的描述。接下来，将从定量的角度来刻画农业转移人口的职业流动性。有关于职业流动性的测度方法，我们可以追溯到社会学领域中，有关代际职业流动性的测度。代际职业流动性主要是指用来刻画父辈从事的职业与子代从事的职业之间的相关程度。除了职业转移矩阵外，通常还采用绝对流动性指标来对前后职业的相关程度进行计算。因此，这里我们将采用代际职业流动性的计算方法，采用绝对流动性指标来测度农业转移人口的职业流动性。

绝对流动性主要采用 DI（Dissimilarity Index）和 NDI（Net Dissimilarity Index）这两个指标来衡量。指标 DI 主要刻画了第一份工作的职业分布和当前工作的职业分布相关程度。具体地，可以表示为：

$$DI = \left(\frac{\sum_{i=1}^{n} \sum_{j=1, j \neq i}^{n} p_{ij}}{\sum_{i=1}^{n} \sum_{j=1}^{n} p_{ij}} \right) \qquad (4-3)$$

式（4-3）取值越接近于 1，则说明农业转移人口的职业流动性越强。但是 DI 方法仅能计算出发生职业流动的概率，而不能判断整体的职业流动的具体方向。NDI 指标正好弥补了这一不足（Li et al.，2015），具体地，NDI 指标可以表示为：

$$NDI = P(X > Y) - P(Y > X)$$

$$= \sum_{i=2}^{n} x_i \left(\sum_{j=1}^{i-1} y_j \right) - \sum_{i=2}^{n} y_i \left(\sum_{j=1}^{i-1} x_i \right) \qquad (4-4)$$

其中，X 表示农业转移人口第一份职业的阶层，Y 表示农业转移人口当前职业的阶层，x_i 和 y_i，$i = 1, 2, 3, 4$ 分别表示为第一份工作和当前工作职业为 i 的概率。NDI 指标的取值范围在 -1—1，正的取值意味着农业转移人口的职业阶层呈现出向上流动的情况，而负的取值意味着农业转移人口的职业阶层呈现出向下流动的情况。

根据式（4-3）和式（4-4），可以计算得到农业转移人口的相对流动性如表 4-7 所示。

表 4-7　　　　　　　农业转移人口职业的绝对流动性

指标	DI	NDI
数值	0.5720	− 0.2253

表 4 - 7 的结果显示，DI 指标的大小为 0.5720，处于 0 和 1 之间居中的位置，说明农业转移人口具有一定的职业流动性。但是，NDI 指标值为 - 0.2253，说明农业转移人口的职业不但不具有向上流动的趋势，反而具有向下流动的趋势。上文的描述性统计结果表明目前农业转移人口主要分布在职业的底层，表 4 - 7 的职业绝对流动性表明，农业转移人口具有一定的职业流动性，但是职业具有向下流动的趋势。也就是说，当前农业转移人口分布在职业底层，在一定程度上也归因于其向下流动的趋势。

第二节　农业转移人口与城镇居民的工资差距及工资同化

部门与职业的进入门槛背后蕴藏着农业转移人口与城镇职工的工资收入差距，该工资差距是否能随着农业转移人口迁移时间增加而逐渐消除？这是本节所需要重点探讨的问题，也是农业转移人口是否能真正意义上融入城市的一个重要信号。

目前，已有大量学者对农业转移人口与城镇居民工资差距及其产生的原因进行过探讨（Meng and Zhang，2001；王美艳，2005；邓曲恒，2007），但总体来看，他们的研究主要是基于单一的微观截面数据，从一个静态时点上来研究此问题。事实上，我们在探究农业转移人口与城镇居民的工资差距问题时，最终的落脚点应是在逐步缩小这种工资差距上。正像市民化政策是一个动态推进的过程一样，农业转移人口与城镇居民工资差距的缩小也必将是一个动态调整的过程。已有研究仅告诉我们在某个固定时点上，农业转移人口与城镇居民存在工资差距的原因和可能的影响因素，但却忽略了一个重要情况：随着农业转移人口在城镇劳动力市场上不断积累工作经验，他们的收入会存在动态的增长，如果农业转移人口的非农工作经验所带来的回报能持续高于城镇居民工作经验的回报，那么随着务工时间的延长，他们有可能消除与城镇居民的工资差距。这提醒我们，在进行农业转移人口与城镇居民工资差距问题研究时，不应只是从静态视角去研究，而应关注农业转移人口与城镇居民工资差距动态同化的情况。从工资同化角度的研究，有助于我们更为精准地把握市民化推进的整体状况、存在的困难，并为后续的推进寻找新的突破口。农业转移人口是否能实现与城镇居民的工资同化是本节研究最为关心的问题。在此基础上，本节想要回答的问题是，农业转移人口是否能实现工资同化？如果可以，需要多长时间？如果不能，那么原因是什么？

鉴于此，本节建立了农业转移人口工资同化的分析框架，详细地探究了农业转移人口与城镇居民工资差距的同化情况。为了处理实证研究中存在的样本自选择问题：一部分农业转移人口可能返乡，而返乡的决策是农业转移人口自选择的结果，与个人的特征及能力等因素相关。如果忽视这一部分可能返乡的样本，则同化速度的估计结果会产生较大偏差。针对上述情况，本节采用 Heckman 样本选择模型，对农民工返乡决策的自选择性进行研究，发现农民工的返乡具有显著的正向选择性。收入高、能力较强的农民工选择性地返回到农村。因此，将永久性回迁的样本加入务工中的农业转移人口样本中，基于调整后的样本进行实证分析，结果表明，从短期来看，农业转移人口在城镇就业市场上的非农工作经验回报高于城镇居民的工作经验回报，工资收入存在一定的追赶；但是从长期来说，其相对经验回报率逐渐下降，农业转移人口在其生命周期内无法实现与城镇居民的工资同化。值得注意的是，高学历的农业转移人口的工资收入与城镇居民之间不存在显著差异；高收入职业内的农业转移人口与城镇居民存在初始工资差距，但不存在工资收入追赶的过程。为了更为深入地对农业转移人口无法实现工资同化的机制进行研究，本节从职业的角度进行切入，首先建立职业转移矩阵对不同进城时间段的农业转移人口的职业分布情况以及是否存在职业攀升现象进行分析，发现农业转移人口职业分布固定且缺乏流动攀升。之后，进一步对工资差异进行了改进的 Brown 分解，分别从职业间、职业内以及"同化效应"三个维度对工资差异产生的原因进行了分解研究，发现延长迁移时间所带来的"同化效应"确实能在一定程度上减少工资差距，但无法从根本上消除由户籍歧视导致的职业内的工资差距，也无法消除由于人力资本不足所主导的无法攀登职业阶梯而带来的职业间的差距。

一 农业转移人口工资同化的分析框架

在中国城镇化的大背景下，农业转移人口在城镇劳动力市场上面临着与国外跨国移民相似的情况：移民最初的工资收入与本地居民之间存在一定的差距。随着迁移时间的增加，短期内工资差距不断缩小，但从长期来看，这种相对工资上升的优势开始逐渐变弱（Chiswick，1978；Borjas，1985；Friedberg，2000；Yamauchi，2004）。接下来，本节将借助 Chiswick（1978）提出的扩展明瑟方程框架，来详细探讨农业转移人口迁移之后的工作经验的相对回报率（定义为同化速度）的问题，比较初始相对工资差距及同化速度的变化情况，有助于我们对农业转移人口的工资同化情况有更加具体的了解。值得注意的是，正如 Borjas（1985）提到的在研究移民同化时需要控制群组效应（Cohort - effect）以及纠正自选择偏误的问题，在建立农业转移人口工资同化的分析框架时，本节重点地进行了控制和处理。

（一）农业转移人口工资同化方程

根据 Chiswick（1978）在研究移民工资同化问题时所使用的分析框架，本节构建了农民工与城镇职工工资同化方程：

$$\ln wage = \mu + \alpha_0 M + \alpha_1 Year \times M + \alpha_2 Year^2 \times M + \alpha_3 Age + \alpha_4 Age^2 +$$

$$\sum_{j=2}^{4} \gamma_j Edu_j + \sum_{m=1}^{4} \beta_m M \times Cohort_m + X\theta + \varepsilon \qquad (4-5)$$

其中，$\ln wage$ 表示小时工资对数（不区分城镇职工和农民工）；M 表示农民工的虚拟变量，当 $M=1$ 时，表示样本为农民工，当 $M=0$ 时，表示样本为城镇居民；$Year$ 表示迁移时间；Age 表示年龄；Edu_year 表示接受正规教育时长。考虑到不同教育时间段的教育回报率不同，本节将总的教育年限 Edu 按学历水平的不同进行了划分：Edu_j，$j = 1$，2，3，4 分别代表小学及以下、初中、高中和大学及以上的学历；特别地，由于本节所研究的农民工迁移时间跨度较大，在这段时间内中国城镇劳动力市场对劳动力的需求发生了显著的周期性波动[①]，同时中央政府还在一定时期颁布了一系列促进农业生产[②]和提高城镇化率的政策，这些因素可能对进城的农民工群体素质产生一定的影响（Borjas，1985）[③]，因此，我们需要对农民工的群组效应（Cohort – effect）进行控制。基于此考虑，本节在工资同化方程中对农民工的进城时间段进行了控制：[④] $Cohort_m$，$m = 1$，2，3，4 分别代表 2004 年以后、2000—2004 年、1995—1999 年以及 1995 年以前进城的虚拟变量；X 代表一系列影响小时工资收入的控制变量，其中包括性别、民族、婚姻状况、健康状况、所从事的行业（29 个行业）与所在城市（18 个城市）等；ε 代表模型的误差项。

工资同化方程中，农民工与城镇职工的对数小时工资差距函数

①　如在 2004 年左右，我国东部沿海地区相继出现"用工荒"的现象，城镇劳动力市场对劳动力的需求量大于供给量，可能对农民的收入水平提高具有极大的促进作用。

②　如自 2003 年起我国免除了农业税，同时在一定程度上放宽了土地的流转等政策，这对农村剩余劳动力的解放具有一定的促进作用。

③　Borjas（1985）在研究美国劳动力市场上移民同化问题时提出：劳动力市场的宏观变化以及政策等因素的影响都将导致外来劳动力群体的自身素质发生变化，从而对移民的同化速度的估计造成影响。

④　Borjas（1895）提到政府政策、家庭对职业选择的偏好等发生变化都会使移民群体的质量发生改变。本章的研究采用的是 CHIPS 2007 数据中迁移持续时间小于等于 30 年的流动人口样本，平均来说，农民工的质量发生改变的可能性较大。主要由于迁移持续时间较长，期间发生的政策性变化较多，人们的观念也在时刻发生变化。为方便起见，本章参考 Borjas（1985）的做法，将农民工组划分为四个区间：2004 年以后、1999—2004 年、1995—1999 年以及 1995 年以前。选择 2004 年和 1995 年作为时间节点，主要考虑两个原因：其一，2004 年左右，我国东部沿海地区相继出现"用工荒"的现象，城镇劳动力市场对劳动力的需求量大于供给量，这对农民的收入水平提高具有极大的促进作用；其二，本章研究的样本中，迁移时间在 17 年以上的样本数量相对较少，如果把它们单独分类，可能由于样本数量过少而产生估计偏误。

（定义为工资趋同函数）可以表述为：

$$D\_\mathrm{lnwage}(Year) = E(\mathrm{lnwage} \mid Z, M = 1) - E(\mathrm{lnwage} \mid Z, M = 0)$$

$$= \rho + \alpha_1 Year + \alpha_2 Year^2 + \sum_{m=1}^{4} \beta_m Cohort_m \quad (4-6)$$

其中，$D\_\mathrm{lnwage}(Year)$ 指在给定个体特征 $Z = (Age, Edu_1,$ $Edu_2, Edu_3, X)$ 下，农民工与城镇职工的对数小时工资差距随持续迁移时间变化的函数。当 $Year = 0$ 时，$D\_\mathrm{lnwage} = \rho + \sum_{m=1}^{4} \beta_m Cohort_m$，若不考虑不同进城阶段自身素质的差异性，$\rho$ 测度了进入城镇地区之初，农民工与城镇职工的对数小时工资差距。若工资趋同函数能够在某一时点上取非负值（$D\_\mathrm{lnwage} \geqslant 0$），则说明随迁移时间的持续增加，农民工能够完全消除与城镇职工的工资差距。反之，若不存在上述情况，则说明随着迁移时间的增加，农民工无法实现与城镇职工的工资同化。在下文中，我们将基于"工资趋同函数"来对农民工能否实现与城镇职工的工资同化进行研究。

（二）样本自选择效应

Carliner（1980）和 Borjas（1989）认为，持续迁移的移民群体和选择回迁的移民群体之间通常存在系统性的差异。回迁的决策并不是随机做出的，而是与个人的特征和能力密切相关。移民的负向选择将导致同化速度被高估（Knight and Song，2003；Wan and Lu，2005），而移民的正向选择则会导致同化速度被低估（Hu，2000）。如果忽略移民的自选择性会使同化模型面临内生性的挑战，从而造成同化速度估计的偏差。在本节的研究中，同样面临着农民工可能存在回迁的自选择问题。如果我们忽略农民工返乡决策的自选择性，可能会对农民工与城镇职工工资的同化速度造成偏误。为此，本节考虑找出农村居民样本中的"永久返乡的农民工"，将"永久返乡的农民工"样本纳入基本回归中。采用 Heckman 样本选择模型来进行判断农民工的返乡决策是否存在自选择性，若存在，判断出该自选择性的方向。具体的操作步骤将会在后文的实证分析部分给出。

二 农业转移人口工资同化的实证分析

(一) 数据及变量的描述性统计分析

基于本节研究的问题，对 CHIPS 2007 调查数据集进行了如下处理：①将样本限制在 16—65 岁且有工作的劳动者中，并且剔除了城镇居民和流动人口中从事与农业工作相关的样本；②仅保留了流动人口中具有本地农业户籍和外地农业户籍的样本，城镇居民中具有非农户籍的样本；③保留了农村居民中曾经在城镇地区务工，由于偶然因素选择回迁，并不打算再外出务工的样本；④排除了个别移民持续时间超过 30 年的农业转移人口观测样本；⑤剔除了工资收入为零和个别收入异常的样本；⑥剔除缺失工资收入、教育水平和职业类别等关键变量的样本。

本节将户籍身份为农业户籍、有外出务工经商经历，且外出务工主要从事非农工作的样本定义为农民工。将 CHIPS 2007 流动人口数据集中，户籍身份为农业户籍的流动人口定义为务工中的农民工；将 CHIPS 2007 的农村调查数据集中，曾经有外出务工经商经历的农民定义为返乡的农民工。最终我们得到了 4143 个城镇职工样本，3323 个正在务工的农民工样本（务工中的农民工样本）以及 108 个已经永久返乡的农民工样本。表 4 - 8 列出了主要变量的描述性统计结果。

表 4 - 8　　　　　　　　　描述性统计

	城镇居民		务工中的农业转移人口		永久回迁的农业转移人口	
	均值	标准差	均值	标准差	均值	标准差
工资/月	2290	1656	1670	936.8	1600	892.0
工作时间/周	43.96	11.43	66.51	18.90	52.35	19.28
工资/小时	14.48	22.41	6.750	4.210	8.990	6.880
迁移时间			10.42	6.150		

续表

	城镇居民		务工中的农业转移人口		永久回迁的农业转移人口	
年龄	40.45	7.240	35.09	6.780	34.17	9.000
工作经验	22.31	8.640	20.46	7.550	20.03	9.740
性别（男—1，女—0）	0.540	0.500	0.630	0.480	0.590	0.490
民族（汉族—1，其他—0）	0.990	0.110	0.990	0.120	0.980	0.130
健康状况（非常好＝1，较好＝2，一般＝3，较差＝4，很差＝5）	2.090	0.690	1.770	0.740	1.830	0.590
教育年限	12.15	3.290	8.630	2.340	8.140	2.350
教育水平						
小学及以下	0.020	0.150	0.170	0.380	0.310	0.460
初中	0.180	0.390	0.590	0.490	0.520	0.500
高中	0.380	0.490	0.220	0.410	0.170	0.380
大学及以上	0.420	0.490	0.020	0.130	0.000	0.000
婚姻状况						
已婚/同居	0.970	0.180	0.960	0.190	0.870	0.340
离婚/丧偶	0.030	0.170	0.020	0.130	0.000	0.000
未婚	0.000	0.000	0.020	0.140	0.130	0.340
学龄前儿童数目	0.802	0.529	0.892	0.778	0.970	0.670
在校孩子数目	0.271	0.457	0.483	0.565	0.360	0.570
职业						
职业1 熟练技术人员	0.560	0.500	0.048	0.213	0.090	0.280
职业2 制造业和运输设备操作人员	0.162	0.368	0.270	0.444	0.590	0.490
职业3 商业与服务人员	0.211	0.408	0.466	0.499	0.210	0.410
职业4 其他（包括个体户）	0.067	0.251	0.216	0.412	0.040	0.200

1. 城镇居民和务工中的农业转移人口

表4-8的第二列和第三列给出了城镇居民和务工中的农业转移人口各特征的均值和标准差。样本中务工中的农业转移人口的人数

为 3314，占比 44% 左右，且平均持续迁移时间为 10.42 年。此外，对比城镇居民与务工中的农业转移人口后发现，两者几乎在各方面都有显著的差别。从小时工资和工作时间上来看，务工中的农业转移人口的小时工资平均为 6.75 元/小时，而城镇居民的小时工资平均为 14.48 元/小时，比农业转移人口高出 1 倍以上；同时，农业转移人口比城镇居民平均每周多工作大约 23 个小时。从年龄、性别以及健康程度来看，农业转移人口的平均年龄为 35.09 岁，比城镇居民平均年轻大约 5 岁。不仅如此，农业转移人口中男性占比明显高于城镇居民，且其健康程度也较好，这说明到城镇地区务工的农业转移人口主要以青壮年的劳动力为主。从教育程度来看，城镇居民平均接受正规教育的年限为 12 年，主要以高中和大学教育程度为主；农业转移人口受教育程度显著低于城镇居民，接受正规教育的年限比城镇居民平均少约 3 年，并且主要以初中教育程度为主。以所从事的职业来看，大约 56% 的城镇居民是熟练技术人员[①]，而农业转移人口从事该职业的比例不到 5%，其所从事的职业主要集中于制造业以及商业和服务行业。这说明，农业转移人口在城镇地区主要是从事较为低端的职业。

2. 务工中的农业转移人口和永久回迁的农业转移人口

表 4-8 第三列和第四列给出了务工中的农业转移人口和永久回迁的农业转移人口各特征，对比后发现，已回迁的农业转移人口在城镇地区务工时的平均月工资收入为 1600 元，正在务工的农业转移人口的平均月工资收入为 1670 元，经统计检验后发现两者的月工资收入并无显著的差别。但就平均小时工资收入而言，已返乡的农业转移人口在城镇地区务工时的平均工资为 8.990 元/小时，比务工中的农业转移人口高出大约 33%。此外，从教育程度上来看，永久回迁的农业转移人口比务工中的农业转移人口的平均受教育时间短，

[①] 机关、企事业负责人，专业技术人员以及办事人员中的农业转移人口人数少，如果单独考察可能存在较大的偏差。且这三类职业对户籍和技能的要求都较高，收入也较高，所以将它们归为一个职业大类，从事这一大类职业的人员统称为熟练技术人员。

具有高中及以上学历的比例更低；再次，从职业分布来看，永久回迁的农业转移人口返乡前大多为制造业和运输业人员，而务工中的农业转移人口大多集中在商业和服务业。上述分析说明，相比务工中的农业转移人口，永久回迁的农业转移人口其教育水平较低，且更倾向于从事体力强度大、流动性强的工作。

（二）基础回归估计结果

表4-9第一列和第二列给出了未纠正样本自选择偏误的情况下，农业转移人口工资同化方程的估计结果。其中，第一列为未控制其他变量的情况下，迁移时间对于农业转移人口小时工资收入的影响。第二列给出了控制农业转移人口个体特征以及城市固定效应后，迁移时间对农业转移人口小时工资收入的影响。从估计的结果来看，农业转移人口虚拟变量显著为负，迁移时间的影响呈现出倒"U"形的趋势。这表明，随着迁移时间的持续增加，农业转移人口和城镇居民的小时工资差距经历了先缩小后又逐步扩大的阶段性转变。

表4-9 农业转移人口工资同化方程估计结果

	（1）纠偏前	（2）纠偏前	（3）纠偏后	（4）纠偏后
农民工2004年以后进城				- 0.3753 *** （0.034）
农民工2000—2004年进城				- 0.4250 *** （0.063）
农民工1995—1999年进城				- 0.4574 *** （0.084）
农民工1995年以前进城				- 0.4197 *** （0.100）
农民工	- 0.7015 *** （0.027）	- 0.3648 *** （0.030）	- 0.3643 *** （0.030）	

续表

	（1）	（2）	（3）	（4）
	纠偏前	纠偏前	纠偏后	纠偏后
农民工迁移时间	0.0262 ***	0.0157 ***	0.0175 ***	0.0265 ***
	(0.004)	(0.004)	(0.004)	(0.010)
农民工迁移时间平方	− 0.0009 ***	− 0.0005 ***	− 0.0006 ***	− 0.0009 ***
	(0.000)	(0.000)	(0.000)	(0.000)
初中学历		0.1086 ***	0.1154 ***	0.1092 ***
		(0.021)	(0.020)	(0.021)
高中学历		0.2249 ***	0.2394 ***	0.2257 ***
		(0.024)	(0.023)	(0.024)
大学及以上学历		0.4833 ***	0.5013 ***	0.4838 ***
		(0.031)	(0.028)	(0.031)
工作经验		0.0083 ***	0.00870	0.0081 **
		(0.003)	(0.006)	(0.003)
工作经验的平方		− 0.0002 ***	− 0.000100	− 0.0002 ***
		(0.000)	(0.000)	(0.000)
性别		0.2005 ***	0.1965 ***	0.2006 ***
		(0.013)	(0.013)	(0.013)
民族		0.0833 *	0.0886 **	0.0819 *
		(0.043)	(0.042)	(0.043)
健康程度		− 0.0268 ***	− 0.0291 ***	− 0.0270 ***
		(0.008)	(0.008)	(0.008)
已婚/同居		0.0815	0.1344 **	0.0867
		(0.059)	(0.063)	(0.060)
离婚/丧偶		− 0.0206	0.0329	− 0.0161
		(0.071)	(0.075)	(0.071)
职业		Yes	Yes	Yes
行业		Yes	Yes	Yes
城市		Yes	Yes	Yes
常数项	2.4881 ***	1.5759 ***	1.2984 ***	1.5741 ***
	(0.010)	(0.118)	(0.263)	(0.118)

续表

	（1）纠偏前	（2）纠偏前	（3）纠偏后	（4）纠偏后
N	7466	7461	7569	7569
R^2	0.181	0.431	0.425	0.431
调整的 R^2	0.180	0.426	0.421	0.426
F	593.7	106.1	102.1	101.2

注：表中我们省略报告了包括性别、民族、婚姻状况、健康状况、职业、行业和所在城市在内的一系列控制变量。

第二列的估计结果显示，农业转移人口虚拟变量的系数为 -0.3648，而且在 1% 的置信水平下显著。这说明，在进入城镇地区之初，农业转移人口的小时工资平均而言就要比城镇居民低大约 30.57% （$1-e^{-0.3648}$）。农业转移人口与迁移时间、迁移时间平方交互项的系数分别为 0.0157 和 -0.0005，说明在给定其他变量的情况下，在初始的一段时期内，农业转移人口的工资同化速度为正，与城镇居民的小时工资差距不断缩小，大约经过 15.7 年（0.0157/0.001）后两者差距达到最小，此时农业转移人口比城镇居民平均低大约 21.45% （$1-e^{-0.2415}$）。随后，两者的工资差距开始拉大。纠偏前的工资趋同函数如图 4-2 所示，农业转移人口和城镇居民的小时工资差距与迁移持续时间呈倒 "U" 形关系，且与 X 轴没有交点。这说明，农业转移人口无法通过延长迁移时间来完全消除与城镇居民的对数小时工资差距，因此，农业转移人口无法实现与城镇居民的工资同化。除此之外，回归结果还表明，教育水平越高，教育回报率也越高；年龄与工资收入呈现出显著的倒 "U" 形关系；男性比女性的工资收入更高；健康水平越高，工资收入也越高。

（三）样本自选择性分析

CHIPS 2007 流动人口数据集中，被调查到的是正在城市务工的

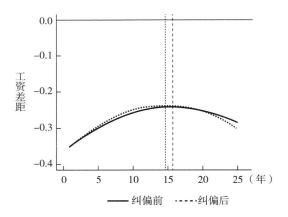

图 4 - 2　农业转移人口的工资同化情况

农业转移人口样本，部分已经返乡的农业转移人口样本则无法观测到。Carliner（1980）和 Borjas（1989）认为，持续迁移的移民群体和选择回迁的移民群体之间通常存在系统性的差异。回迁的决策并不是随机做出的，而与个人的特征密切相关。这些特征可能是可观测的，比如性别、年龄、受教育水平等，也可能是不可观测的，比如性格、能力等。如果影响返乡决策的不可观测变量同时也会影响个人收入，那么在不考虑样本自选择偏误的情况下对基本模型进行估计，会造成估计结果的偏差。针对样本自选择问题，本节采用 Heckman 样本选择模型来进行分析（Heckman，1977）。该模型不仅能有效避免样本选择的误差，而且还使用工具变量（IV）来估计变量间的关系（高鸣等，2017）。Heckman 样本选择模型分为两阶段来估计。

　　第一阶段，选择 CHIPS 2007 调查的农村居民中，曾经外出务工，由于非偶然性因素返乡的样本作为返乡样本，将 CHIPS 2007 调查的流动人口样本作为未返乡的样本，建立返乡决策的 Probit 模型；其估计方程为：

$$P_i^*（R = 1）= Z_i\gamma + u_i$$
$$P_i = 1，if（Z_i + u_i > 0）\tag{4 - 7}$$

其中，P_i^* 表示"返乡"的概率，R 表示"返乡"决策的虚拟变量，$R=1$ 表示返乡；$R=0$ 表示未返乡；Z_i 为控制变量，主要包括年龄、性别、教育水平、老家的非农工资、老家的村庄中外出就业人数占总人数的比例、家中处于学龄前孩子的数目等。老家的非农工资水平主要刻画农业转移人口外出务工的机会成本；老家的村庄中外出就业人数占总人数的比例，主要刻画农业转移人口外出就业示范效应的大小，这在一定程度上可能影响农业转移人口个体的外出务工决策；农业转移人口家中处于学龄前孩子的数目，主要反映的是农业转移人口所面临的家庭抚养负担；u_i 为模型误差项。根据一阶段的结果，计算得到逆米尔斯比率（Inverse Mills Ratio），如果 $R=1$，$\lambda_i=\varphi(Z_i\gamma)/\Phi(Z_i\gamma)$；如果 $R=0$，$\lambda_i=-\varphi(Z_i\gamma)/[1-\Phi(Z_i\gamma)]$，$\varphi(\cdot)$ 表示正态分布密度函数，$\Phi(\cdot)$ 表示累积正态分布函数。

第二阶段，采用 OLS 方法估计，将 λ_i 作为控制变量代入估计方程，来纠正选择偏误，得到二阶段的估计方程为：

$$\text{Log}(wage_i)=aZ_i+b\lambda_i+\eta_i \tag{4-8}$$

其中，$i=1,\cdots,m$，全样本包括正在务工的样本和已经返乡的样本；$wage_i$ 表示小时工资；η_i 表示模型的误差项。具体的估计结果如表 4-10 所示。

表 4-10　　　　　Heckman 两步法估计结果

	第一阶段	第二阶段
老家工资收入/天	0.0108*** (0.003)	0.0037*** (0.001)
老家村中农民工的比例	-4.0939*** (0.811)	-0.1722*** (0.037)
学龄前孩子数目	-0.210 (0.145)	-0.0302 (0.020)
学龄孩子数目	0.1949** (0.094)	-0.0022 (0.015)

续表

	第一阶段	第二阶
初中学历	−0.4927 ***	0.1273 ***
	(0.150)	(0.021)
高中及以上学历①	−0.8628 ***	0.2120 ***
	(0.179)	(0.025)
年龄的平方	0.0025 ***	−0.0003 **
	(0.001)	(0.000)
性别	−0.0727	0.1618 ***
	(0.131)	(0.017)
民族	−0.107	−0.0240
	(0.357)	(0.054)
健康状况	−0.0391	−0.0419 ***
	(0.065)	(0.010)
已婚/同居	−0.110	0.1533 ***
	(0.257)	(0.052)
逆米尔斯比率		0.0952 ***
		(0.026)
职业	固定	固定
常数项	10.6426 ***	1.4168 ***
	(0.964)	(0.277)
样本量	3431	3431
伪 R^2	0.4821	0.130
调整的 R^2	—	0.125
F	—	29.80
Wald χ^2	1395.98	—

表 4-10 的一阶段回归结果显示：①老家的非农工资水平越高，农民工返乡的可能性越大。由于老家的非农工资水平刻画了农民工

---

① 由于样本中仅有一人拥有大学及以上学历，样本量太少，无法估计大学及以上学历这部分人的返乡决策，所以我们将这一个样本的学历归为高中及以上学历这一类。

外出务工的机会成本，而这种机会成本越大，农民工越倾向于选择在离家近的地方务工。②老家外出务工的人数越多，农民工返乡的可能性越小。这说明农民工外出务工具有示范效应。一部分农民外出务工获得了更高的经济收入，能够对那些还未外出务工的村民产生积极的示范效应，经济回报的刺激也会增加他们外出务工的可能性。③家中处于学龄前孩子的数目越多，越有可能选择外出打工。家中拥有学龄前儿童的农村父母，绝大多数都年富力强，外出务工动机更强。此外，家中学龄前孩子数目越多，所面临的家庭抚养负担就越重，这也会导致外出持续务工的可能性更大。④农民工的年龄对返乡决策具有显著的负向影响，但农民工的年龄平方对返乡决策具有显著的正向影响。也就是说，当农民工的年龄超过某一阈值（本节的计算结果是 42 岁左右）后，年龄越大的农民工越有可能回迁。通常来说，农民工的年龄越大则非农就业能力越弱，可供选择的岗位越少，其选择返乡的概率也越大；而年轻的农民工其非农就业能力相对较强，在城镇地区可以从事的非农就业岗位也较多，其回迁的概率也就越小。⑤相比拥有小学学历的农民工，拥有初中学历和高中及以上学历的农民工更加倾向于在外持续务工。随着产业结构的加速调整，城镇地区所提供的就业岗位已经开始从以往的劳动密集型向商业以及服务聚集型转变，从体力劳动向技术岗位转变，这就要求农民工也具备与之相匹配的学历和技能水平，在此种情况下，学历越低的农民工选择回迁的概率就越大。

表 4－10 的二阶段回归结果显示，老家工资收入越高，农民工外出务工的工资收入也越高；老家外出务工的人占比越高，农民工的工资收入反而越低；家庭孩子的学龄前以及学龄孩子的数目对农民工收入的影响不显著；教育水平对农民工工资收入具有正向影响，教育水平越高，工资收入越高；年龄对农民工工资收入的影响呈现出显著的倒 "U" 形关系。即随着年龄的增长，收入水平增加，当年龄达到一定限度（本节的计算结果是 27.5 岁）以后，随着年龄的增长，收入水平下降。男性的收入水平显著高于女性，健康状

况越好的收入水平越高；相对于未婚或离异的群体，已婚或同居的群体收入水平更高。此外，回归结果显示逆米尔斯比率的回归系数显著为正，说明工具变量具有一定的合理性，农民工的返乡决策是自选择的结果。

（四）纠正自选择偏差后的分析

从 Heckman 两步法的估计结果来看，逆米尔斯概率的系数显著为正，说明农业转移人口的返乡决策是正向选择的结果，农业转移人口中能力更强、收入更高的选择性地返回农村。可能因为能力越强的农业转移人口越有可能在较短的时间内在城镇地区积累足够的资本（陈珣和徐舒，2014）。如果忽略这部分返乡农业转移人口样本，农业转移人口与城镇居民的工资同化速度可能被低估。针对这一情况，本节考虑将调查问卷中近三个月时间内外出务工，但是目前已经返乡的样本作为正在务工的农业转移人口样本的补充。将合并以后的农业转移人口样本与城镇居民的工资同化问题进行研究。

表 4 - 9 的第四列为加入返乡农业转移人口后，纠正自选择偏误的估计结果。比较纠偏前后的回归结果发现，纠正自选择偏误后，农业转移人口与城镇居民的初始工资差距为 30.53%（$1 - e^{-0.3643}$），农业转移人口的小时工资同化速度明显加快，经历 14.6 年（0.0175/0.012）以后，农业转移人口与城镇居民的小时工资差距达到最小，在工资差距最低点上，农业转移人口的小时工资比城镇居民低 21.11%（$1 - e^{-0.2371}$），持续迁移农业转移人口与城镇居民的工资差距最多能缩小 9.4%。这进一步印证了返乡的农业转移人口中正向选择占多数，能力较高、工资同化较快的农业转移人口有可能返回家乡。图 4 - 2 的纠正样本自选择偏误后的农业转移人口工资趋同函数图像表明，农业转移人口虽然在初始小时工资差距及同化速度上发生了一定的改变，但他们仍然无法在生命周期之内实现与城镇居民的工资同化。

表 4 - 9 的第四列显示，纠正自选择偏误以后，农业转移人口与城镇居民工资同化的群组效应。估计结果表明，不同进城时间段

（群组）的农业转移人口与城镇居民的初始工资差距具有一定差异。
其中，2004 年以后进城的农业转移人口与城镇居民的初始工资差距
最小，平均而言，相同个体特征的农业转移人口比城镇居民的小时
工资差距低了 31.29%，其余各群组差异则不大，说明相比过去，
2004 年以后进城的农业转移人口工资水平得到了提高，说明城镇劳
动力市场的变化能显著提高新进城务工农业转移人口的工资水平。
对比第三列回归结果，虽然各组的农业转移人口与城镇居民的初始
工资差距均低于整体工资差距，但是同化速度有所提高。不同群体
的农业转移人口大约经过 14.72 年 （0.0265/0.0018） 后与城镇居
民工资差距达到最小。如图 4-3 所示，各群组的农业转移人口和城
镇居民的小时工资差距与持续迁移时间呈倒 "U" 形趋势，与 X 轴
均没有交点。表明样本期内，各群组内的农业转移人口均无法通过
延长迁移时间来完全消除与城镇居民的初始工资差距。

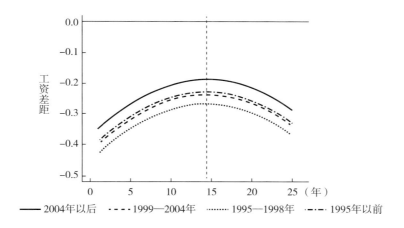

图 4-3　不同群组的农业转移人口工资同化情况

三　农业转移人口无法实现工资同化的原因分析

上文中，我们发现农业转移人口回迁具有很强的正向选择性，
而且不同迁移群组的农业转移人口均无法实现与城镇居民的工资同

化。那么，这种不能同化的机制到底是什么？Chiswick（1978）以及 Friedberg（2000）的研究都指出，在美国劳动力市场上，移民的同化是一个自然的过程，移民一开始对美国的劳动力市场不熟悉，和美国本地居民相比具有更低的工资收入。但随着迁移持续时间的增加，他们开始熟悉当地的劳动力市场并积累与其相适应的人力资本。最终，移民与本地居民的工资差距会逐渐消除。他们的研究进一步表明，职业作为一种重要的"报酬机制"，在移民与本地居民的工资同化中起到了关键性的"中介"作用。移民可以通过如下两个途径来达到工资同化：①通过持续的在一个职业里积累更多工作经验和更为熟练的工作技能来获取更高的工资水平；②通过不断获得更高水平的劳动技能来攀爬职业阶梯。那么，在中国城镇劳动力市场上无法实现工资同化，是否归结于以上的两种同化机制受阻了呢？接下来，本节将从职业的角度切入，首先建立职业转移矩阵对不同进城时间段的农业转移人口的职业分布及是否存在职业攀升进行分析；然后，基于改进的 Brown 分解方法，分别从职业间、职业内以及"同化效应"三个维度对工资差异产生的原因进行分解研究，以探析农业转移人口无法实现工资同化的原因。

（一）职业转移分析

经验研究表明，职业升迁是移民实现与本地居民工资同化的重要途径（Goldin and Margo，1992；Lubotsky，2011；Abramitzky et al.，2014）。本节将通过建立职业转移矩阵的方式对农业转移人口在城镇劳动力市场上的职业分布以及职业转移情况进行详细的描述和分析。首先，采用从事具体职业内样本的小时工资收入中位数①对每一类职业进行考察，以初步探析从事每一类职业的农业转移人口和城镇居民的收入水平。表 4-11 给出了城镇居民、农业转移人口以及将两者作为一个整体的收入中位数水平。

---

① 采用职业内所有工作人员的小时工资中位数对该职业进行赋值，能尽可能地反映该职业内大多数人的收入水平，有效避免某些职业内由于极个别人收入过高而拉高该职业平均收入水平的现象出现。

表4－11　　　　农业转移人口和城镇居民的收入中位数　单位：元/小时

	整体		农业转移人口		城镇居民	
	N	score	N	score	N	score
职业1	1142	13.42	158	7.5	2320	13.75
职业2	1566	7.14	896	6.49	670	8.46
职业3	2418	5.94	1544	5.21	874	7.50
职业4	995	5.95	870	5.36	279	7.03

　　从整体的职业收入中位数来看，职业呈现分层的特点，不同的职业具有不同的收入中位数水平。从事职业1的群体收入中位数最高，大约为13.42元/小时；从事职业2的群体收入中位数次之，大约为7.14元/小时；从事职业3与职业4的群体收入中位数最低且较为接近，分别为5.94元/小时和5.95元/小时。从农业转移人口与城镇居民的分样本来看，也基本呈现上述的特点。值得注意的是，即使从事同一职业，农业转移人口比城镇居民的工资普遍低：在职业1内，农业转移人口比城镇居民的工资收入中位数低将近50%；在职业2至职业4内，农业转移人口比城镇居民的工资收入中位数低20%左右。

　　表4－12以五年为时间间隔给出了不同迁移时间段的农业转移人口的职业分布情况。表4－12的结果显示，不同时间段的农业转移人口职业分布固定，主要从事后三类职业。具体来看，从事后三类职业的人数占总人数的95%以上；从事职业2、职业3和职业4的农业转移人口分别占比为30%、45%和25%。说明农业转移人口在城镇劳动力市场上的职业分布基本不随迁移持续时间的增加而改变。

　　表4－13和表4－14分别给出了迁移时间为0—10年和大于10年的农业转移人口职业转移矩阵。从转移矩阵来看，从事职业3（商业和服务业人员）的农业转移人口留在职业内的概率最高，发生职业转移的概率最低。职业3内迁移时间为0—10年和大于10年

表4-12　　　不同迁移时间段农业转移人口①的职业分布情况　　　单位:%

迁移时间	职业1	职业2	职业3	职业4
0—5 年	5	25	50	20
6—10 年	5	27	46	22
11—15 年	5	26	46	23
16—20 年	3	28	46	23
大于 20 年	3	34	40	24

表4-13　　　　　迁移时间在0—10年的农业转移人口
职业转移矩阵（894人）

第一份工作	当前的工作				
	职业1	职业2	职业3	职业4	汇总
职业1	35% （11）	10% （3）	39% （12）	16% （5）	100% （31）
职业2	6% （25）	38% （149）	40% （159）	16% （60）	100% （393）
职业3	5% （22）	18% （82）	60% （270）	17% （74）	100% （448）
职业4	6% （1）	18% （3）	38% （6）	38% （6）	100% （16）

表4-14　　　　　迁移时间大于10年的农业转移人口
职业转移矩阵（1108人）

第一份工作	当前的工作				
	职业1	职业2	职业3	职业4	汇总
职业1	32% （7）	0% （0）	45% （10）	23% （5）	100% （22）

①　表4-13和表4-14中仅选取了务工中的农民工样本，并没有考虑已回迁的农民工，是因为仅在CHIPS 2007年的流动人口问卷中，涉及农民工进城后务工的第一份工作的相关信息，这有助于我们建立农民工的职业转移矩阵。

续表

第一份工作	当前的工作				
	职业 1	职业 2	职业 3	职业 4	汇总
职业 2	4% （23）	33% （204）	41% （250）	21% （128）	100% （605）
职业 3	5% （23）	15% （68）	57% （257）	23% （103）	100% （451）
职业 4	3% （1）	16% （5）	26% （8）	55% （17）	100% （31）

的农业转移人口发生职业转移的概率分别为 40% 和 43%，其他职业内不同迁移时间段的农业转移人口发生职业转移的概率均超过了60%。之所以职业 3 内的农业转移人口发生职业转移的概率最低，主要是由于职业 3 对户籍和专业技能的要求较低、市场需求量大。该职业内的农业转移人口容易找到工作，因此没有动机增加人力资本投资、积累专业技能，专业技能较低，导致该职业内的农业转移人口即使换工作也是在职业内不同的职位之间流动。此外，无论迁移时间的长短，农业转移人口从职业 1（熟练技术人员）向后三类职业转移的概率比从后三类职业向职业 1 转移的概率大，是因为职业 1 不但相对来说技能要求更高，而且与户籍挂钩的可能性更大。一般来说，农业转移人口只能以临时工的身份进入该职业，相对不稳定，所以发生职业转移的概率较大。进一步，我们还发现农业转移人口容易在后三类职业之间发生相互转移，尤其容易从其他职业转移到需求量大、专业技能较低的职业 3。

职业转移矩阵的结果显示，农业转移人口发生职业升迁的现象并不明显，农业转移人口更倾向于在技能要求低、收入水平低的职业内持续工作。由于数据的限制，虽无法知道城镇居民的职业转移情况，但是随着迁移时间的持续增加，农业转移人口很难通过工作经验的积累流动到高端劳动力市场，一直主要集中在低端劳动力市场，其所从事职业的分布结构相对固化。所以，可以认为相对城镇居民，农业转移人口群体都没有发生明显的职业升迁。

（二）Brown 分解

中国城镇劳动力市场上的农业转移人口和发达国家劳动力市场上的外来移民同化情况有明显的区别，其主要原因是两者面临的制度环境有很大的差异。与国外不同的是，在具有户籍隔离制度的中国城镇劳动力市场上，农业转移人口不仅面临着对新的就业环境不熟悉的问题，而且还受到了严重的户籍歧视（王美艳，2005；李实和万海远，2013；吴晓刚和张卓妮，2014）。在上文中，基于农业转移人口的工资趋同函数，对农业转移人口与城镇居民小时工资同化情况进行了详细的探讨，发现农业转移人口难以实现与城镇居民工资同化；进一步，来自职业转移矩阵的证据告诉我们农业转移人口无法实现工资同化的一个主要原因是缺乏职业升迁的机制。那么，缺乏职业上升机制背后更深层次的原因是什么？是农业转移人口人力资本不足还是由职业隔离导致的。在职业内部，农业转移人口与城镇居民是否也存在无法消除的工资差异？迁移时间所带来的"同化效应"（吴贾等，2015）能消除多少工资差距？这些都需要进行更进一步的挖掘分析。

接下来，本节采用 Brown 分解法对农业转移人口和城镇居民的总体工资差异进行分解。之所以采用 Brown 分解法，而不是采用传统的 Blinder - Oaxaca 分解法，是因为主要考虑到：虽然 Blinder - Oaxaca 分解可以分析职业这一因素对农业转移人口与城镇居民工资差异的影响，但其将职业变量作为外生的解释变量，同其他解释变量一起加以控制，忽视了职业进入本身可能存在的歧视问题。而 Brown 分解法可以分解出农业转移人口与城镇居民这两个组群之间的职业隔离对工资差异的影响，通过职业获得模型（多项 Logit 模型）估计出组别的职业分布，进而识别出农业转移人口可能在职业进入上的歧视（郭继强等，2011；赵海涛，2015）。为了能够反映"同化效应"对工资差距的影响（吴贾等，2015），我们对 Brown 分解方法进行了改进和扩展。具体的分解方法如式（4 - 9）所示：

$$\overline{W}^U - \overline{W}^M = \sum_j \left(P_j^U \overline{W}_j^U - P_j^R \overline{W}_j^R \right)$$

$$= \sum_j \left(P_j^M \overline{W}_j^U - P_j^M \overline{W}_j^M + P_j^U \overline{W}_j^U - P_j^M \overline{W}_j^U \right)$$

$$= \sum_j P_j^M \left(\overline{W}_j^U - \overline{W}_j^M \right) + \sum_j \overline{W}_j^U \left(P_j^U - P_j^M \right)$$

$$= \underbrace{\sum_j P_j^M \left(\overline{X}_j^U - \overline{X}_j^{M1} \right) \hat{\beta}^U}_{①} + \underbrace{\sum_j P_j^M \overline{X}_j^{M1} \left(\hat{\beta}^U - \hat{\beta}^{M1} \right)}_{②} -$$

$$\underbrace{\sum_j P_j^M \overline{X}_j^{M2} \hat{\beta}^{M2}}_{③} + \underbrace{\sum_j \overline{W}_j^U \left(P_j^U - \hat{P}_j^M \right)}_{④} + \underbrace{\sum_j \overline{W}_j^U \left(\hat{P}_j^M - P_j^M \right)}_{⑤}$$

$$(4-9)$$

其中，U 和 M 分别代表了城镇居民和农业转移人口；$\overline{W}^U$ 和 $\overline{W}^M$ 分别代表城镇居民和农业转移人口的小时工资对数的平均值；$\overline{X}^U$ 和 $\overline{X}^{M1}$ 分别代表了城镇居民与农业转移人口的人力资本和其他个人禀赋等特征变量的平均值；$\hat{\beta}^U$ 和 $\hat{\beta}^{M1}$ 分别代表城镇居民和农业转移人口工资决定方程中，人力资本和个人禀赋等特征变量的估计系数；$\overline{X}^{M2}$ 包括农业转移人口迁移时间、迁移时间平方的平均值；$\hat{\beta}^{M2}$ 指农业转移人口工资决定方程中，迁移时间和迁移时间平方项的估计系数；P_j^U 和 P_j^M 分别为两组人的实际职业分布模式，即从事第 j 类职业的比例；$\hat{P}_j^M$ 是反事实的概率估计，对于农业转移人口而言，如果他们和城镇居民具有相同的工资决定机制，那么他们进入第 j 类职业的概率。具体地，我们先对城镇居民估计一个多项的 Logit 职业获得模型，其中自变量包括工作经验（及平方）、性别和教育水平等，然后用这个城镇居民的职业获得分析结果预测农业转移人口进入第 j 类职业的概率。

式（4-9）第一项是由于农业转移人口与城镇居民在人力资本和个人禀赋上的差异所造成的职业内的工资差异，这是职业内工资差异中的可解释部分；第二项是在同一职业内，由农业转移人口与城镇居民的人力资本和个人禀赋估计系数产生差异，是职业内工资差异不可解释的部分；第三项是迁移时间增加带来的"同化效应"

对农业转移人口与城镇居民的工资差异的解释部分；第四项代表由于两者的人力资本和个人禀赋上的差异所导致的职业分布差异，这部分是职业间工资差异的可解释部分；第五项指农业转移人口与城镇居民不同工资决定机制而导致的职业分布差异，这部分是职业间工资差异中不可解释的部分。

表 4 – 15　　　　　　　农业转移人口与城镇居民小时工资

差异的 Brown 分解结果

	小时工资自然对数的差异	百分比（％）
总差异	0.5777	100
职业内差异	0.4286	74.19
可观测特征所解释部分	0.0655	11.34
不可观测特征所解释部分	0.3631	62.85
职业间差异	0.2434	42.13
可观测特征所解释部分	0.2200	38.08
不可观测特征所解释部分	0.0233	4.03
"同化效应"的作用	– 0.0943	– 16.32

表 4 – 15 列出了 Brown 分解法的分解结果。从分解的结果来看，农业转移人口与城镇居民总的差异中，有 74.19% 可以由职业内的差异解释，有 42.13% 可以由职业间差异解释，"同化效应"可以消除其中 16.32% 的差异。具体地，职业内的差异中，仅 11.34% 的差异可以由个人禀赋和人力资本等解释，而 62.85% 的差异则由歧视等不可解释的因素造成。也就是说，在职业内部，绝大多数收入差异并不是源于人力资本和个人禀赋等的可解释因素的差异，而是源于户籍歧视等不可解释的因素。这些因素造成了即使农业转移人口与城镇居民处于同一职业或部门内，却面临着不同的报酬收入机制（吴晓刚等，2014）。职业间的差异中，38.08% 源于可解释特征的差异，仅 4.03% 源于歧视等不可解释的因素。说明在职业获得上，农业转移人口与城镇居民的差异并不是由户籍歧视等不可解释的因

素主导，而是由农业转移人口与城镇居民的人力资本和能力等方面存在差别导致的。市场的选择机制导致了他们的职业分布不同，这是构成职业间工资差异的主要原因。

总的来说，农业转移人口与城镇居民的工资差异中，49.42%的部分能被可观测特征解释，66.89%的部分是由歧视等不可观测的因素造成的，通过延长迁移时间能消除其中16.34%的差异。由此可见，延长迁移时间所带来的"同化效应"确实能够有效地减少工资差距，但无法从根本上消除由户籍因素所主导的职业内的工资差距，也无法消除由于人力资本不足所主导的无法攀登职业阶梯而带来的职业间差距。

第三节　本章小结

本章主要基于 CHIPS 2007 的城镇居民和流动人口调查数据，考察了农业转移人口在城镇劳动力市场上的就业状况。主要内容包括两个方面：一方面从与城镇居民在职业与部门进入上的差异以及职业流动的视角出发，探讨了农业转移人口与城镇居民在就业机会上的不平等；另一方面从与城镇职工的工资差距及同化的动态视角出发，考察了农业转移人口是否能通过延长迁移时间融入城镇。本章的主要结论有：

第一，由于城镇劳动力市场上存在户籍的歧视效应，农业转移人口难以进入收入高、福利待遇较好的职业或部门，他们主要分布在技能水平低、户籍要求低、收入水平低的职业或部门。不仅如此，农业转移人口在城镇劳动力市场上职业流动性较低，且主要是向下流动，这将导致他们在城镇的生活环境进一步恶化。

第二，农业转移人口与城镇居民的小时工资存在初始差距，延长迁移时间虽然能在一定程度上缩小工资差距，但无法实现工资的同化。从 Heckman 两步法的估计结果来看，逆米尔斯概率的系数显著为正，说明农业转移人口的返乡决策是正向选择的结果，农业转移人口中能力更强、收入更高的选择性地返回农村。

第三，农业转移人口职业分布固定且缺乏流动攀升。从职业分布来看，农业转移人口主要分布在低收入职业内；从职业流动来看，随着迁移时间的增加，农业转移人口难以进入工资收入较高的职业，缺乏从低收入职业向高收入职业攀升流动的机制。

第四，延长迁移时间所带来的"同化效应"确实能够有效地缩小工资差距，但无法从根本上消除由户籍因素所主导的职业内的工资差距，也无法消除由于农业转移人口人力资本不足所主导的无法攀登职业阶梯而带来的职业间的工资差距。

本章的结论具有很强的政策含义。在城镇劳动力市场上，农业转移人口与城镇居民之间存在就业机会不平等以及工资差距且无法实现工资同化的基础事实，表明政府需采取一系列的措施来促进农业转移人口实现市民化。

首先，根据当地的生活水平和用工成本，制定合理的最低工资标准，这将有助于缩小农民工与城镇职工的初始工资差距；其次，针对就业市场上表现差、能力较低的农民工，对他们进行就业指导和技能培训，增强他们在劳动市场上的竞争力，从而增加工资收入；再次，为农民工提供医疗卫生、随迁子女义务教育等公共服务，保障农民工享有基本公共服务的权利，有助于留住能力水平相对较高的农民工，防止逆城镇化现象发生；最后，由于农民工自身的人力资本不足导致其在城镇劳动力市场上缺乏职业攀升机制且职业分布固化，户籍歧视是农民工与城镇职工职业内工资差距的主要来源。因此，提高农村地区的教育质量，增加对农村地区的教育投入有利于消除农民工在城镇劳动力市场上面临的职业隔离；同时，放宽户籍制度，特别是放宽户籍与职业的挂钩程度，有助于减少农民工在城镇劳动力市场上面临的同工不同酬现象。

第五章

市民化的福利效应
——基于工资收入视角

　　第三章和第四章的研究结论表明，由于户籍制度的存在，农业转移人口在城镇劳动力市场上面临公共服务不均等，就业机会不平等以及工资歧视等种种困境。市民化的过程则被认为是农业转移人口消除这些困境、逐步融入城镇的过程。接下来，本书将从福利经济学理论视角进行分析，研究市民化给农业转移人口带来的福利水平。根据福利经济学的定义，个人的福利主要包括效应、偏好、快乐、幸福等在内的一系列相近的概念。同时，个人的福利还寓于他的满足感中，这种满足感一般来源于他对于物的占有，因而一个人的收入水平越高，他所能得到源自对于物品占有的福利越多。因此，收入水平、幸福感以及生活满意度等都可以作为农业转移人口福利水平的合理度量。不同的是，收入水平主要反映的是客观层面的福利水平，而生活满意度则主要反映的是主观层面的福利水平。

　　本章主要分析市民化对于农业转移人口收入水平的影响，从客观层面来探讨市民化的福利效应问题。具体而言，采取收入水平作为福利效应的指标，分析市民化对于农业转移人口客观福利效应的影响。尽管理论分析上可以很容易得到市民化能提高农业转移人口的福利水平的结论，但是还缺乏具体的经验证实。本章主要从实证分析的角度研究市民化是否能显著提升农业转移人口的收入水平。

在第二章中，本书已经详细地介绍了农业转移人口"市民化"的内在意涵，市民化就是农业转移人口转变为城市市民的过程，实质是农业转移人口的生活方式以及价值观念等逐渐与城镇居民趋于一致的过程（Cohen，2011；吕炜和高飞，2013）。由于难以界定在这种连续变化中，农业转移人口完成市民化的分界点，因此，本章将户籍身份转变作为一种"标识"，将农业转移人口市民化的过程定义为获得城市户籍的过程。因为是否拥有城市户籍决定了农业转移人口能否公平地享有城镇劳动力市场的社会保障与基本公共服务等。

目前，国内外有关我国市民化的福利效应研究，主要集中于对比农业转移人口与农村居民、本地城市居民的收入水平、公共服务满意度、民生满意度等，并没有将研究对象完全聚焦于农业转移人口群体本身，探讨其市民化前后福利效应的变化。主要因为：一方面，长期以来学界对"市民化"概念的界定存在争议，市民化更多地被认为是一个抽象的概念；另一方面，存在数据的限制。我国已有的公开微观调查数据库，极少有对相同样本的追踪调查，因此，难以观测到同一农业转移人口的福利水平随时间的变化。本章在将获得城市户籍身份作为农业转移人口"市民化"的一个重要"标识"的基础上，采用 CFPS 2010 年和 CFPS 2012 年的微观样本追踪调查，将 2010 年和 2012 年农业转移人口发生户籍身份的转换视为拟自然实验，研究农业转移人口市民化对收入差距及生活满意度的影响。

本章和第六章将共用同一套数据 CFPS 2010 和 CFPS 2012、同一套研究方法来分别探讨市民化为农业转移人口所带来的主客观层面的福利效应。在研究样本中，大约 9% 的农业转移人口在 2010 年到 2012 年成功地获得了城市户籍，这一重大的户籍身份转变意味着农业转移人口成为城市市民。以往研究一般将户籍的类型看作是恒定不变的，从而忽略了农业转移人口户籍身份的转变。而本节将重点关注这一部分发生户籍身份转变的农业转移人口，把户籍身份的转变视为农业转移人口市民化的自然实验，采用倾向得分匹配和双重差分（PSM－DID）相结合的方法来估计市民化对农业转移人口收入水平的影响。

第一节　福利效应的测度：收入水平与生活满意度

本节选取收入水平和生活满意度作为衡量农业转移人口的福利效应的两个指标，分别从客观和主观的层面刻画了福利效应。本章主要从客观福利分析的角度出发，研究市民化对农业转移人口收入水平的影响。在进行具体研究之前，我们先采用理论分析的方法，厘清收入水平和生活满意度的福利效应测度上的不同。

一些研究者认为，收入水平与生活满意度之间呈正相关的关系，即收入水平越高，生活满意度也越高。Fery和Stutzer（2002）基于1990年世界上51个国家的调查统计数据发现在一定的范围内，收入水平越高，生活满意度越高；但是，当收入水平超过一定的范围后，收入水平提高，生活满意度却不再发生变化。期望理论则表明，收入水平与生活满意度之间的关系由期望水平所决定，具有不确定性。

根据期望理论，主观幸福感[①]是由自身的期望与所取得的成就之间的差距所决定（Michalos，1991；Inglehart，1990）。经济理论表明，偏好的改变主要取决于新习惯的养成（Robert，1970；Christopher and David，1994）。主要基于以下三个方面的原因：其一，期望的上升将诱使人们取得更多的成就。人们永远都不会满足，一旦他们获得了某些东西，他们就会想方设法获得更多的东西；其二，欲望是贪得无厌的。一个人获得的越多，渴望得到的也越多，因

---

① 因为生活满意度的调查数据和主观幸福感的调查数据具有高度的相关性，两者在对调查个人的心理刻画上没有本质差异（Blanchflower，2009）。因此，本章对主观幸福感和生活满意度不作严格的区分。

此，个人收入的边际效应理论在这里就不再成立；其三，绝大多数的人都觉得自己过去过得很不幸，但是都希望未来过得更加幸福，过去与未来存在不对称性（Easterlin，2001）。在期望理论效应的框架下，Frey 和 Stutzer（2002）采用如图 5 - 1 所示来描述了收入水平的改变对于个人生活满意度的影响。

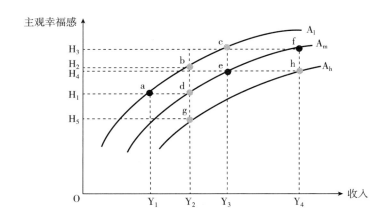

图 5 - 1　主观幸福感、收入水平以及期望效应的作用

假设最初人们的期望效应曲线为 A_1，所以当收入水平为 Y_1 时，主观幸福感为 H_1。如果保持该期望效应不变，那么当收入水平上升至 Y_2 时，主观幸福感上升至 H_2；当收入水平上升至 Y_3 时，主观幸福感上升至 H_3。在期望没有发生改变的情况下，主观幸福感随着个人的收入水平增加而增加。若在这个期间，个人的期望水平提高了，从 A_1 提高到了 A_m，那么当个人的收入水平从 Y_1 上升到 Y_2 时，主观幸福感保持 H_1 不变。如果期望水平提高得更多，从 A_1 提高到了 A_h，那么收入水平从 Y_1 上升到 Y_2，主观幸福感反而会下降。因此，收入水平的提高并不一定意味着主观幸福感会提升。

图 5 - 1 也可以用来解释在根据过去和未来评价主观幸福感时所存在的非对称性。假设个人的收入为 Y_3，若基于当前的期望水平 A_m 来评价过去的他过去的期望的话，他的期望水平为 H_4。如果他

的收入水平是从 Y_2 上升到 Y_3，那么基于当前的期望水平 A_m 下，主观幸福感从 H_1 上升到 H_4。但是，考虑到当前的期望水平比过去高，实际上，在过去获得 Y_2 收入的时点上，个人的期望水平为 A_1，其主观幸福感为 H_2（$H_2 > H_4$）。所以个人的收入水平从 Y_2 上升到 Y_3，主观幸福感却从 H_2 下降到 H_4。同样，在未来收入增加的情况下，如果用当前的期望水平来估计未来的主观幸福感也会造成主观幸福感的高估。

期望理论表明，由于个人期望水平的变化，主观幸福感并不一定随着收入水平的增加而增加，极有可能出现主观幸福感下降或者保持不变的情况。鉴于收入水平与主观幸福感之间的不确定性关系，本章在考虑市民化给农业转移人口带来的福利效应时，既从客观角度出发研究市民化对收入水平的影响，也从主观的角度探讨市民化对生活满意度的影响。

第二节 市民化福利效应研究的数据及方法介绍

一 数据来源

本章使用的数据来自 CFPS 2010 和 CFPS 2012 的调查数据。CFPS 数据的调查开始于 2008 年，2008 年与 2009 年仅在北京、上海和广州三地分别展开了初访和追访的测试调查，直到 2010 年才开始进行全国范围内的正式访问。CFPS 数据调查组将 2010 年基线调查界定出来的所有基线家庭成员及其今后的血缘/领养子女将作为 CFPS 的基因成员，成为永久追踪对象。本节主要基于 CFPS 2010 基线调查数据和 CFPS 2012 追踪调查数据构成的面板数据进行研究。目前，CFPS 样本覆盖 25 个省/市/自治区，2012 年和 2010 年样本规模分别为 16000 户和 13231 户，调查对象包含样本家户中的全部家庭成员。

二 变量定义及描述性统计分析

根据本章的研究目的，我们对 CFPS 2010 和 CFPS 2012 数据集进行了如下处理：

（1）通过采用一对一匹配的方法，匹配上在两个数据集中均出现的样本；

（2）仅保留匹配样本上，2010 年生活在城市，且户籍身份为农业户籍的样本；

（3）仅保留 2010 年调查时，年龄在 16—65 岁的样本；

（4）剔除 2010 年或 2012 年调查时点上的在校学生样本；

（5）剔除生活满意度、收入等关键变量缺失的样本。

最终，得到 3604 个样本的两年平衡面板数据，其中包括 323 个发生户籍身份转变的农业转移人口样本，3281 个未发生户籍身份转变的农业转移人口样本。接下来，本章的研究主要将发生户籍身份转变作为拟自然实验，分析户籍身份转换前后（市民化前后）农业转移人口的收入水平以及生活满意度的变化情况。

上文提到影响农业转移人口获得城市户籍的因素很多，因此，为了对城市户籍获得方程有个精准的估计，我们尽可能多地把相关的影响变量考虑了进来。具体地，从以下四个层次来选择城市户籍获得的影响因素：个体层面、家庭层面、村/居层面和宏观层面。其中个体、家庭以及村/居三个微观层面的数据来自 CFPS 2010 年数据集，宏观层面的数据主要为省级的统计数据[①]，来自 2010 年的《中国统计年鉴》《中国经济统计年鉴》以及"中经统计数据库"等。表 5 – 1 给出了具体的变量、含义及描述性统计结果。

---

① 原则上，采用样本所在城市层面的数据比省级层面的数据更有助于反映样本所处的宏观环境。但遗憾的是，我们从 CFPS 数据集中无法提取出受访者的所在城市信息。所以，退而求其次，本章采用省级数据来进行宏观层面特征的匹配。

表5-1　数据及变量的描述性统计分析

指标类型	变量	定义	处理组A		控制组B		差值
			均值	标准差	均值	标准差	A－B
	ln_gdp	人均GDP的对数	4.660	0.230	4.580	0.180	0.079***
	Open	进出口总额占GDP的比重	0.080	0.090	0.050	0.060	0.0305***
	Urban	城镇化率	0.580	0.200	0.490	0.130	0.086***
	Science	科教文卫支出占GDP的比重	0.260	0.030	0.270	0.030	0.003
省级特征	Infran	基础设施支出占GDP的比重	0.110	0.030	0.120	0.020	－0.010***
	Agri	农业支出占GDP的比重	0.090	0.030	0.100	0.030	－0.011***
	Fina	财政支出占GDP的比重	0.190	0.060	0.180	0.070	0.008**
	Edu_expend	人均教育支出的对数	3.220	0.220	3.120	0.130	0.093***
	Infan_expend	人均基础设施支出的对数	3.820	0.220	3.720	0.130	0.102***
	Popu	村/居人口的对数	8.310	0.910	8.070	0.860	0.237***
	Mig_rate	流动人口占比	0.180	0.180	0.150	0.180	0.025***
	Dum_low	推行低保：是=1，否=0	0.900	0.300	0.900	0.300	－0.002
村居特征	Low_money	人均低保额度的对数	4.580	1.840	3.510	1.820	1.071***
	Location1	村/居位置：城市=1，其他=0	0.380	0.490	0.080	0.270	0.305***
	Location2	村/居位置：城镇=1，其他=0	0.230	0.420	0.260	0.440	－0.030
	Location3	村/居位置：城郊=1，其他=0	0.390	0.390	0.670	0.500	－0.280***

续表

指标类型	变量	定义	处理组 A		控制组 B		差值
			均值	标准差	均值	标准差	A－B
家庭特征	Income_per	人均收入的对数	9.020	1.230	8.350	1.670	0.673***
	Dum nagri	从事非农生产经营：是＝1，否＝0	0.090	0.290	0.130	0.340	0.037
	Rent1	出租房屋收入的对数	1.020	2.740	0.550	2.080	0.469***
	Rent2	出租土地收入的对数	0.070	0.690	0.430	1.700	－0.364**
	Rent3	出租其他东西收入的对数	0.030	0.600	0.010	0.250	0.026*
	Remove	拆迁：是＝1，否＝0	0.080	0.270	0.040	0.190	0.038***
	Requisition	征地：是＝1，否＝0	0.150	0.360	0.200	0.400	－0.051**
	House1	住房情况：完全自有/和单位共有＝1；其他＝0	0.880	0.330	0.890	0.310	－0.012
	House2	住房情况：租住＝1；其他＝0	0.080	0.270	0.060	0.230	0.022***
	Deposit	存款的对数	4.300	4.750	3.800	4.580	0.504**
个人特征	Gender	性别	0.470	0.500	0.470	0.500	0.000
	Age	年龄	48.22	12.63	45.48	11.87	2.738***
	Income	非农工作收入的对数	6.820	4.210	6.870	3.850	－0.057
	Health	健康状况：健康——1－2－3－4－5——非常不健康	1.720	1.000	1.730	0.930	0.010
	Minority	民族：汉族＝1，其他＝0	0.940	0.230	0.940	0.230	0.002
	marr1	未婚	0.070	0.250	0.060	0.240	0.009
	marr2	同居/已婚	0.890	0.320	0.910	0.290	－0.020

续表

指标类型	变量	定义	处理组 A		控制组 B		差值
			均值	标准差	均值	标准差	A－B
	marr3	离婚/丧偶	0.050	0.210	0.040	0.180	0.011
个人特征	*Dum_ element*	小学及以下学历＝1，其他＝0	0.430	0.500	0.520	0.500	－0.086***
	Dum_ junior	初中学历＝1，其他＝0	0.320	0.470	0.380	0.480	－0.053**
	Dum_ senior	高中学历＝1，其他＝0	0.160	0.370	0.090	0.290	0.068***
	Dum_ college	大学及以上学历＝1，其他＝0	0.090	0.280	0.010	0.120	0.071***
	Dum_ selement	配偶学历：小学及以下学历＝1，其他＝0	0.320	0.470	0.470	0.500	－0.147***
	Dum_ sjunior	配偶学历：初中学历＝1，其他＝0	0.370	0.480	0.330	0.470	0.032
	Dum_ ssenior	配偶学历：高中学历＝1，其他＝0	0.110	0.320	0.080	0.280	0.028**
	Dum_ scollege	配偶学历：大学及以上学历＝1，其他＝0	0.080	0.280	0.020	0.140	0.063***

　　城市户籍的获得并不是随机的，而是由个人、家庭、村/居以及宏观层面等的特征综合决定。如表 5 - 1 所示，处理组样本和控制组样本几乎在各个指标上都存在显著的差异。从农业转移人口的角度出发，个人属于城市户籍的需求方，他的性别、年龄、良好的教育水平以及家庭经济条件，甚至包括所在的村/居的地理位置和当地良好的经济环境等都有助于其提高获得城市户籍的竞争力。从政府的角度出发，政府属于城市户籍的供给方，地方的经济发展水平、财政支出压力、公共服务提供能力以及开放程度均会影响其提供城市户籍的能力（万海远和李实，2013；吴开亚和张力，2010）。

　　从表 5 - 1 的基本统计结果来看，从省级层面上，平均来说处理组样本所在省份的经济发展水平、城镇化率水平以及开放程度均高于控制组样本。处理组样本所在省份的人均基础设施建设、人均教育支出比控制组样本更大，说明处理组样本所在地更加注重对当地居民基本公共服务的提供；而控制组样本的基础设施占 GDP 比重以及农业支出占 GDP 比重更高，说明控制组样本所在省份对农业的重视程度更高。村/居层面上，本节主要考虑了农业转移人口所在村/居的人口结构、经济发展水平以及地理位置等。从基本统计结果显示，处理组样本所在村/居的人口总量更大，流动人口比例更高；此外，处理组样本所在村/居的人均低保额度显著高于控制组样本，一般而言，人均低保额度能反映出该地区的最低收入水平，由此可以推断，处理组样本所在的村/居的人均收入水平高于控制组样本。统计结果还表明，处理组样本所在的村/居更有可能分布在城市地区，而控制组样本所在村/居分布在城郊地区的概率更大。

　　在家庭层面上，处理组样本的家庭人均收入更高，更有可能通过出租房屋或其他物品来获得一定的家庭收入，而控制组样本则更有可能通过出租土地获得一部分家庭收入。特别地，处理组中 8% 的样本经历过家庭拆迁，而控制组中仅有 3% 的样本经历过家庭拆迁；15% 的处理组样本家庭经历过征地，而 20% 的控制组样本家庭经历过征地。该调查样本中接近 90% 的处理组样本和控制组样本都拥有全部或部分当前所住房屋的产权，但相比之下，处理组样本中租房的比例更大，主要因为控制组的样本多位于城郊地区，住房价格相对便宜，而且农村地区自建房屋的比例也较高。个人层面上，平均来说，处理组样本平均年龄比控制组样本高 3 岁左右，处理组样本自身以及配偶的受教育程度也比控制组样本高。除此之外，处理组样本和控制组样本在其他个人特征分布上没有显著的差异。

总的来说，无论是在个体、家庭以及村/居的微观层面上，还是在宏观层面上，处理组样本和控制组样本均存在显著差异。因此，我们无法判断，处理组样本的收入提高是由上述特征导致的，还是由市民化导致的？所以，接下来的实证分析部分，本章将采用倾向得分匹配（PSM）的方法，匹配出控制组样本和处理组样本中在上述四个层面上均无显著差异的个体，然后再对两组样本的收入水平进行比较分析。

三 研究方法与估计策略

本节将研究的对象锁定为 CFPS 调查数据库中，2010 年和 2012 年均接受了调查的农业转移人口。[①] 采用拟自然实验的方法研究户籍身份的转换（从农业户籍转换为非农户籍）对农业转移人口收入水平的影响。假定 2010 年为事前组；2012 年为事后组。将这两年间发生户籍身份转变的农业转移人口定义为实验的处理组；将两年间未发生户籍转变（保持农业户籍不变）的农业转移人口定义为实验的控制组。

为了得到户籍身份的转换对农业转移人口收入水平的影响，必须考虑城市户籍与收入水平相互决定的问题，而且要把户籍因素以及其他影响收入水平的社会因素区分开来，这样才能得到无偏的估计。城市户籍的获得并不是随机的，而是与农业转移人口的个人特征、家庭经济条件、所在村/居特征以及宏观经济环境等因素密切

---

① 本章将 2010 年生活在城市地区，而户籍身份为农业户籍的样本定义为农业转移人口。

相关，具有一定的内生性。针对这样的非随机选择问题，可以采用倾向得分匹配与双重差分方法相结合的方法进行处理。Rosenbaum 和 Rubin（1983）、Glazerman（2003）、Dehejia（2005）认为，倾向得分匹配方法能显著降低估计偏差，特别是与其他拟实验的方法一起使用时能起到更好的效果。

（一）倾向得分匹配法

倾向得分法最早是由 Rosenbaum 和 Rubin（1983）提出，他们定义倾向得分法为："个体在其特定的属性下接受某种干预的可能性。"倾向得分法制造了一个"准随机"试验，在试验中，只需有两个倾向得分相同的试验对象，其中一个在处理组，而另一个在对照组，我们就可以认为处理可能性相同的两个试验对象被随机地分到了处理组与对照组。倾向得分是所有协变量的一个函数，它将多个协变量变成一个变量，实质就是"降维"。倾向得分的主要用途是来均衡处理组与对照组之间的协变量分布，对非随机化研究中的混杂因素进行类似随机化的均衡处理，其目的是减少选择性偏倚。其基本思想是，找到一群与处理组在所有相关预处理特征上相类似的控制组，与处理组比较的对照组所产生的不同结果就可以归因于该实验。

根据 Rosenbaum 和 Rubin（1983）的定义，当样本 i 的倾向值定义为：在给定观测协变量向量 x_i 情况下，样本 i 分配至某一特定干预（$W_i = 1$）而不是干预（$W_i = 0$）的条件概率：

$$e(x_i) = pr(W_i = 1 \mid X_i = x_i) \tag{5-1}$$

倾向值在匹配或分层中的优点在于它对维度的简化：X 向量可以包括很多协变量，它们代表着许多维度，而倾向值方法将所有这些维度简化为一个单维的值。通常采用 Logit 回归模型、Probit 回归模型以及判别（Discriminant analysis）来计算倾向值。当存在两种干预状态（干预和控制）时，假设接受干预的条件概率是通过二分变量 Probit 回归来进行估计的，第 i 个样本的二分类干预状态为 W_i，条件变量向量记为 X_i，且向量回归参数记为 β_i，那么二分类 Probit

回归将接受干预的条件概率表达式为：

$$p_i(W_i) = pr(W_i = 1 \mid X_i = x_i) = \Phi(x_i^T \beta_i) \qquad (5-2)$$

这是一个非线性模型，因变量 W_i 不是条件变量向量 X_i 的线性函数。其中，Φ（·）为正态分布函数。可以通过正态分布反函数的映射，将其转化为线性函数的形式：

$$\Phi^{-1}[p_i(W_i)] = x_i^T \beta_i \qquad (5-3)$$

可以采用极大似然的估计方法对式（5-3）中的参数值进行估计。在估计得到倾向值之后，通常采用基于估计的倾向值来匹配处理组样本和控制组样本。最常见的匹配算法包括马氏距离匹配、最近邻匹配以及核匹配算法等。

1. 马氏距离匹配

马氏距离匹配方法被先于倾向值匹配提出来（Cochran and Rubin，1973；Rubin，1976）。在进行匹配前，需要计算处理组 i 和控制组 j 的马氏距离：

$$d(i, j) = (u - v)^T C^{-1}(u - v) \qquad (5-4)$$

这里，u 和 v 分别是处理组样本 i 和控制组样本 j 的匹配变量取值，而 C 则是来自整个非处理组样本集合的匹配变量的样本协方差矩阵。具有最小距离 $d(i, j)$ 的非处理组样本 j 被选取作为处理组样本 i 的匹配，这两个样本都被从数据池中移出，重复这一过程直到所有处理组样本都找到匹配为止。马氏距离也有一定的缺陷，因为马氏距离匹配不是基于一维分值。因此，当模型包含很多协变量时，可能很难找到比较接近的匹配。

2. 最近邻匹配

假设 P_i 和 P_j 分别是处理组和控制组样本的倾向值，I_1 和 I_0 分别是处理组和控制组样本的集合。当倾向值之差的绝对值在 i 和 j 之间倾向值的所有可能配对中最小时，那么邻近关系 $C(P_i)$ 包含一个控制组参与者 j，与处理组样本 i 做匹配，即：

$$C(P_i) = \min_j \| P_i - P \|, \, j \in I_0 \qquad (5-5)$$

一旦找到一个与 i 相匹配的 j，j 就从 I_0 中移出且不再放回。对

于每个 i，如果只找单个 j 落入 C（P_i），那么此匹配为最近邻匹配或者 1 对 1 匹配。如果能找到 n 个 j 落入 C（P_i），那么此匹配为最近邻 1 对 n 匹配。

3. 核匹配算法

核匹配算法是由非参数方法发展而来的（Heckman et al.，1997，1998；Smith and Todd，2005）。主要是通过对所有控制组样本的倾向值进行加权平均，然后改加权平均值的结果与处理组的倾向值进行比较。两者之间的差值就可以被认为是干预效应的处理效应。假设 P_i 和 P_j 分别是处理组和控制组样本的倾向值，I_1 和 I_0 分别是处理组和控制组样本的集合。为了估计处理组样本 $i \in I_1$ 的干预效应，从控制组样本中找一组加权平均样本与处理组样本相匹配。该匹配与倾向值 P（X）相关，当控制组样本的倾向值越接近处理组样本时，它被赋予的权重越大。如果将平均处理效应定义为 ATT，那么 ATT 可以表示为：

$$ATT = \frac{1}{n_1} \sum_{i \in I_1 \cap S_p} \left[Y_{1i} - \sum_{j \in I_1 \cap S_p} W(i,j) Y_{0j} \right] \tag{5-6}$$

其中，n_1 表示处理组样本的个数，i 表示处理组样本，$\sum_{j \in I_1 \cap S_p} W(i, j) Y_{0j}$ 表示控制组样本的加权和，权数 $W(i, j) = \dfrac{\sum_{j=1}^{n_0} K\left(\frac{p_j - p_i}{h}\right) p_j}{\sum_{j=1}^{n_0} K\left(\frac{p_j - p_i}{h}\right)}$，

K（·）表示核函数。

（二）双重差分方法

考虑到无论是处理组样本还是控制组样本，在 2010 年到 2012 年，可能因为自身变化或环境变化而造成收入的改变。因此，样本自身变化的趋势项可能造成估计的偏差。所以，本节采用 DID 的方法来控制由于样本自身变化或环境变化而带来的估计偏差。对于处理组样本，两年的平均收入的变化可以表示为：$E（Y_1^T - Y_0^T \mid D = 1）$；对于控制组样本，两年的平均收入的变化可以表示为：$E（Y_1^C -$

$Y_0^c \mid D = 0$)。由此，可以计算出市民化所造成的农业转移人口收入的变化，具体表示为：

$$ATT_{DID} = E(Y_1^T - Y_0^T \mid D = 1) - E(Y_1^c - Y_0^c \mid D = 0) \qquad (5-7)$$

其中，T 代表处理组样本；C 代表控制组样本；Y_1 和 Y_0 分别代表事后组和事前组的样本；D 表示为转换户籍的虚拟变量（发生户籍转换 = 1；否则 = 0）。从上述的分析可以看出，采用 DID 方法的好处是它能利用面板数据的优势来控制一些与时间无关的、不可观测的特征对农业转移人口收入水平的影响。但是，采用 DID 方法，最重要的前提是处理组样本和控制组样本需要满足共同趋势的假设。也就是说如果没有发生户籍身份的转变，处理组样本和控制组样本的生活满意度随时间的变化就没有显著差异。但是，城市户籍的获得并不是随机的，而是由个人、家庭、村/居以及宏观层面等的特征综合决定，这些特征也可能对农业转移人口的收入水平产生影响。

因此，我们很难界定是由于市民化对农业转移人口的收入水平产生了影响呢？还是由于影响城市户籍获得的其他因素对农业转移人口的收入水平造成了冲击？因而市民化的农业转移人口与未市民化的农业转移人口在收入水平上可能存在系统性的差异。所以，DID 的基本假设条件可能不满足。对此，由 Heckman 等（1998）提出并发展起来的倾向得分匹配与双重差分相结合的方法（PSM - DID）能有效解决这一问题，Glazerman 等（2003）也认为，倾向得分匹配方法是一种能有效降低偏差的非参数统计方法，尤其是与双重差分方法相结合的时候处理因果效应更为有效。

（三）倾向得分匹配方法与双重差分方法相结合

为了克服双重差分方法所存在的缺陷，本节将采用倾向得分匹配与双重差分相结合的方法，来识别市民化对农业转移人口生活满意度的影响。Rosenbaum 和 Rubin（1983）的反事实分析框架为我们解决该问题提供了研究思路。假设在其他因素都保持不变的情况下，仅仅由于户籍身份的转变，农业转移人口收入水平的变化是多少？对同一个农业转移人口而言，在 2012 年不可能同时发生户籍转变或保持户籍不变，如果能够同时观测到他的这种户籍身份状态，那么这两种户籍身份状态下生活满意度的差值就是由于户籍转换所带来的改变。由于无法观测到事后组中，处理组样本未发生户籍身份转变下的生活满意度，我们可以采用倾向得分匹配的方法，在控制组中匹配出和处理组特征类似的样本，将匹配上的控制组样本代替原来的控制组样本进行双重差分的计算。

这样不但能有效克服由于个体特征差异，而且还控制了那些不可观测的、不随时间改变的因素所带来的影响。根据 PSM – DID 方法，可以得到市民化对农业转移人口收入水平的平均处理效应：

$$ATT_{PSM-DID} = E(Y_1^T - Y_0^T \mid X_0, D = 1) - E(Y_1^c - Y_0^c \mid X_0, D = 0)$$

$$(5-8)$$

其中，T 代表处理组样本；C 代表控制组样本；Y_1 和 Y_0 分别代表事后组和事前组的样本；D 表示为转换户籍的虚拟变量（发生户籍转换 $= 1$，否则 $= 0$）；X_0 表示采用匹配的样本特征。

第三节　市民化对农业转移人口收入水平影响的实证分析

从实证的角度来分析市民化对农业转移人口福利效应的影响，就需要对于市民化以及福利效应有一个明确具体的定义。从上文的讨论中可知，本章将户籍身份的转换作为市民化的"标识"，将收入水平以及生活满意度作为农业转移人口福利的测度来进行研究。

市民化对于农业转移人口收入水平的影响主要源于两个方面：一方面，农业转移人口市民化后，消除了自身在城镇劳动力市场上的户籍歧视，收入水平得到提高。万海远和李实（2013）研究发现，由于户籍职业选择的歧视，农业转移人口的收入将增加 3.5%。另一方面，农业转移人口市民化后，享受到的社会福利提升，实际的补贴性收入也会增加。实际的补贴性收入主要包括住房补贴、失业保障金或食物补贴等。在本节的研究中，农业转移人口的收入水平指总的收入，既包含工资性收入，也包含实际的补贴收入。考虑到使用的是不同年份的面板数据，根据物价水平对收入水平进行调整，把 2010 年收入按照国家统计局公平的 CPI 指数折算成 2012 年的收入，这样两年的数据就具有可比性。

在进行具体的深入研究之前，本节首先对于采用的研究方法以及估计策略做一个简要的介绍。在下一节中，市民化对于农业转移人口生活满意度的福利效应分析中也将采用同样的研究方法和估计策略。

一 城市户籍获得方程的估计

在上文中，描述性统计分析结果表明，处理组样本和控制组样本几乎在各类特征指标上均存在显著差异，因而共同趋势假设难以满足。所以，接下来本节根据影响城市户籍需求和供给的特征变量，估计农业转移人口城市户籍获得方程，并以此为根据计算具体每一位农业转移人口样本获得城市户籍的概率，也就是样本的倾向值。在获得每一个样本的倾向值后，再根据倾向值进行匹配，采用处理组样本与匹配上的控制组样本进行下一步的分析。

首先，本节建立城市户籍获得的概率方程（Logit 回归模型），尽可能把影响城市户籍的需求和供给因素全部囊括进来[①]；然后，根据这些变量系数的估计值预测每一位农业转移人口获得城市户籍的概率，具体如下：

$$\log\left(\frac{p_i}{1-p_i}\right) = \beta_0 + \beta_1 X_i + \varepsilon_i \tag{5-9}$$

其中，$i = 1$，2，$\cdots$，n 表示第 i 个样本；$p_i = P\left(treat_i = 1 \mid X_i\right)$ 为第 i 个样本发生户籍身份转变的概率；X_i 表示可能影响城市户籍

---

① Leuven 和 Sianesi（2003）也建议尽可能多的相关协变量都纳入概率预测模型中去；万海远和李实（2013）在估计城市户籍获得的概率模型时，也综合考虑了几乎所有城市户籍供给和需求的影响因素。

获得的协变量；ε_i 为误差项。表 5 - 2 为 Logit 模型的估计结果。

表 5 - 2　　　　基于 Logit 模型的城市户籍获得方程的估计结果

变量	估计系数	标准差
Ln_ gdp	- 4. 579	（3. 862）
Open	- 3. 152	（4. 161）
Urban	3. 867	（3. 006）
Science	15. 4938	（14. 723）
Infran	2. 227	（9. 719）
Agri	- 2. 564	（6. 035）
Fina	- 4. 066	（7. 498）
Edu_ expend	- 6. 0999 ***	（2. 134）
Infan_ expend	9. 6598 **	（4. 460）
Popu	- 0. 0604	（0. 093）
Mig_ rate	- 0. 0433	（0. 419）
Dum_ low	- 3. 7237 ***	（0. 580）
Low_ money	0. 7555 ***	（0. 109）
Location1	1. 8407 ***	（0. 221）
Location2	0. 3995 **	（0. 196）
Income_ per	0. 2626 ***	（0. 070）
Dum nagri	- 0. 177	（0. 228）
Rent1	0. 0543 **	（0. 027）
Rent2	- 0. 2537 ***	（0. 085）
Rent3	0. 0474	（0. 132）
Remove	0. 405	（0. 290）
Requistion	- 0. 122	（0. 193）
House1	0. 0762	（0. 322）
House2	- 1. 3309 ***	（0. 412）
Deposit	- 0. 0103	（0. 015）
Gender	0. 0894	（0. 147）
Age	0. 0415 ***	（0. 007）
Income	- 0. 0170	（0. 019）

续表

变量	估计系数	标准差
Health	− 0.0634	（0.076）
Minority	0.296	（0.306）
marr2	− 1.3682 ***	（0.326）
marr3	− 0.8983 **	（0.440）
Dum_ junior	− 0.0004	（0.167）
Dum_ senior	0.3938 *	（0.221）
Dum_ college	1.2511 ***	（0.349）
Dum_ sjunior	0.4275 **	（0.170）
Dum_ ssenior	0.141	（0.259）
Dum_ scollege	0.5832 *	（0.351）
cons	− 6.404	（8.947）
N	3604	
LR	560.62	
Pseudo R^2	0.2578	

（一）省级层面宏观因素对城市户籍的供给效应

不同的省份经济发展程度、城镇化率、公共服务供给以地方政府享有的财权不同。因此，作为城市户籍的供给侧，它们面临的压力以及做出的最优供给决策也各不相同。通常来说，地区的经济发展水平越高，该地区的城市吸引的外来人口也就越多，对当地城市户籍的需求量也越大。根据需求供给函数，该地区城市户籍的供给数量也会有所上升，获得当地城市户籍的要求也会提高。但是，表5－2的回归结果表示，人均 GDP 对农业转移人口获得城市户籍的影响不显著。这主要是由于我国特大城市和大城市户籍限制的结果导致，户籍制度改革不但对特大城市和大城市影响很小，而且导致大城市的落户门槛更加严格。大多数农业转移人口的教育水平和非农生产技能低，导致他们长期处于城市劳动力市场的低端（Meng and Zhang，2001；王美艳，2005；邓曲恒，2007；吴晓刚和张卓妮，2014），在严苛的大城市落户条件面前他们只能望洋兴叹。同时，人均教育支出（Fina）对农业转移人口城市户籍的获得也有负向作用，人均教育支出越大说明地方政府负担的公共财政压力越大，农业转移人口越难获得城市户籍。农业转移人口获得城市户籍，不仅仅是简单的身份转变问题，更包含了获得与城市居民相同的基本公共服务和社会保障等多方面的问题，这些都需要政府的财力保障。此外，人均基础设施的投入对农业转移人口城市户籍的获得有正向作用，大部分的地方政府基础设施建设的投入增加，主要用于扩大城区的面积，增加公共道路等基础设施的供给。在这个过程中，由于城市面积的扩大，近郊区的农民可能因为征地或房屋拆迁获得城市户籍，从而实现就地城镇化。

（二）村/居的经济和地理位置对城市户籍的获得具有显著的促进作用

村/居是调查样本生活中面临的最直接的外部环境，村/居的经济发展水平和地理位置对农业转移人口的城市户籍获得具有十分重要的影响。从表5-2的回归结果来看，村/居的人口总数以及外来流动人口的比重，对农业转移人口获得城镇户籍的概率没有显著的影响。推行了低保政策的村/居，农业转移人口获得城市户籍的概率低。主要因为推行低保政策的村/居社会福利水平相对更高，地方政府相应的公共财政压力也越大，因此农业转移人口越难获得城市户籍。而推行了低保政策的地区，人均低保额度越高的村/居，农业转移人口获得城市户籍的概率越高。人均低保额度在一定程度上反映了当地人们的生活水平，人均低保额度越高的地区，人们最低生活标准也越高，地区的经济发展水平也就越高。此外，村/居的地理位置也会对农业转移人口获得城市户籍的概率产生影响，相比城郊地区的农业转移人口，居住在城市、城镇地区的农业转移人口更有可能获得城市户籍。

（三）个人和家庭特征是城市户籍获得的重要解释变量

家庭作为个人的支撑，在农业转移人口获得城市户籍过程中也扮演了不可或缺的角色。表 5 - 2 的回归结果显示，农业转移人口家庭的人均收入越高，获得城市户籍的可能性越大；通过出租房屋获得的收入越高，也越有可能获得城市户籍。这说明家庭的经济实力对农业转移人口获得城市户籍具有重要的影响，家庭的经济条件越好，越能通过相关的途径获得城市户籍。值得注意的是，家庭出租土地获得的收入越高，获得城市户籍的概率反而越低。土地是中国农村居民生活和就业的基本保障，从理论上来说，出租土地、发生土地的流转更加有利于解放农村剩余劳动力，加速农业转移人口的流动，而农业转移人口在城镇务工比留在乡村务农获得城市户籍的概率更高。但是，由于早前城镇化政策的不完善，不少地区实行的农地与户籍挂钩的政策，导致这些地区的农民缺乏获得城市户籍的动力。

作为城市户籍的需求方，个人的年龄、婚姻状况、教育水平以及配偶的教育程度等都对城市户籍的获得具有显著的影响。表 5 - 2 的回归结果表明，年龄较大、未婚的农业转移人口获得城市户籍的可能性较大，个人或配偶的教育水平越高，获得城市户籍的概率也越大。现阶段的非农生产活动已经逐渐开始从劳动密集型的行业转向了服务业，从体力劳动岗位转向了技术型岗位，对农业转移人口的人力资本水平要求也越来越高。因此，相对而言，受教育水平高的农业转移人口具有更强的竞争力，更有可能在城市立足，通过买房或者进入某些专业型的工作岗位等途径获得城市户籍。

二　平衡性检验与共同支撑检验

根据上文中城市户籍获得的概率方程估计结果，可以计算出每一位农业转移人口获得城市户籍的概率值，该概率值就是我们所说的倾向值。为了检验匹配的质量，在进行下一步的平均处理效应计算之前，需要对参与匹配的变量进行平衡性检验以及共同支撑检验。

（一）平衡性检验

表5-3中的偏差降低比例表明，在完成匹配之后，两组样本之间协变量的偏差比匹配之前有了较大幅度的下降；同时，双 t 检验的统计结果也表明，在完成匹配后，处理组样本和控制组样本几乎在各个协变量上均不存在显著差异；此外，联合检验 p 值可以发现，两组样本在进行匹配之后，倾向值的经验分布函数没有显著的差异，从统计意义上来看，匹配后的两组样本可以被认为是来自同一个整体，微小的差异也是基于相同整体不同表现而已。因此，我们认为处理组和控制组样本通过了平衡性检验。

表5-3　　　　　　　　　　协变量匹配质量的检验

变量	样本	偏差降低比例	双 t 检验 T 值	双 t 检验 P 值	变量	样本	偏差降低比例	双 t 检验 T 值	双 t 检验 P 值
Ln_ gdp	未匹配		7.21	0.000	Rent2	未匹配		-3.81	0.000
	匹配上	93.7	-0.28	0.780		匹配上	99.9	0.01	0.994
Open	未匹配		8.09	0.000	Rent3	未匹配		1.48	0.140
	匹配上	98.2	0.08	0.933		匹配上	57.0	0.26	0.796
Urban	未匹配		10.68	0.000	Remove	未匹配		3.24	0.001
	匹配上	95.0	-0.29	0.773		匹配上	48.5	-0.88	0.378
Science	未匹配		-1.83	0.068	Requistion	未匹配		-2.22	0.027
	匹配上	-29.1	1.77	0.078		匹配上	98.0	0.04	0.971
Infran	未匹配		-9.82	0.000	House1	未匹配		-0.69	0.492
	匹配上	90.0	0.56	0.574		匹配上	-14.1	0.54	0.587
Agri	未匹配		-6.62	0.000	House2	未匹配		1.58	0.113
	匹配上	95.3	0.18	0.854		匹配上	57.8	-0.42	0.673
Fina	未匹配		2.18	0.030	Deposit	未匹配		1.88	0.060
	匹配上	73.4	0.47	0.637		匹配上	24.9	-1.00	0.316
Edu_ expend	未匹配		11.71	0.000	Gender	未匹配		0.14	0.891
	匹配上	94.2	0.34	0.733		匹配上	-623.9	-0.73	0.463
Infan_ expend	未匹配		12.24	0.000	Age	未匹配		3.93	0.000
	匹配上	98.1	-0.12	0.903		匹配上	64.3	0.99	0.324

续表

变量	样本	偏差降低比例	双 t 检验 T 值	双 t 检验 P 值	变量	样本	偏差降低比例	双 t 检验 T 值	双 t 检验 P 值
Ln_ popu	未匹配		4.71	0.000	Income	未匹配		− 0.25	0.801
	匹配上	92.4	0.26	0.796		匹配上	− 54.6	− 0.27	0.788
Migr_ rate	未匹配		2.43	0.015	Minority	未匹配		0.2	0.840
	匹配上	74.4	0.43	0.665		匹配上	− 274.5	− 0.6	0.550
Dum_ low	未匹配		− 0.13	0.898	marr2	未匹配		− 1.19	0.234
	匹配上	− 554.2	0.59	0.552		匹配上	69.7	− 0.25	0.803
Low_ money	未匹配		10.1	0.000	marr3	未匹配		1.02	0.309
	匹配上	90.1	0.74	0.459		匹配上	25.7	0.52	0.603
Location1	未匹配		17.73	0.000	Dum_ junior	未匹配		− 1.91	0.056
	匹配上	89.2	− 0.86	0.392		匹配上	100.0	0.000	1.00
Location2	未匹配		− 1.18	0.237	Dum_ senior	未匹配		3.92	0.000
	匹配上	− 30.2	1.22	0.221		匹配上	89.4	− 0.25	0.805
Location4	未匹配		5.480	0.000	Dum_ college	未匹配		8.6	0.000
	匹配上	85.2	− 0.46	0.648		匹配上	85.6	0.48	0.632
Income_ per	未匹配		7.06	0.000	Dum_ sjunior	未匹配		1.190	0.235
	匹配上	96.7	0.25	0.805		匹配上	− 32.5	1.16	0.247
Dum_ nagri	未匹配		− 1.92	0.055	Dum_ ssenior	未匹配		1.76	0.079
	匹配上	58.4	− 0.65	0.514		匹配上	− 22.7	− 1.33	0.184
Rent1	未匹配		3.75	0.000	Dum_ scollege	未匹配		6.91	0.000
	匹配上	79.7	− 0.43	0.668		匹配上	85.4	0.44	0.662

样本	Pseudo R^2		LR chi2		p > chi2	
未匹配	0.292		634.89		0.000	
匹配上	0.019		16.67		0.999	

（二）倾向得分估计与共同支撑检验

为了进一步保证匹配质量，在获得处理组样本和控制组样本的倾向值之后，还需要讨论匹配的共同支撑域条件。如果处理组样本大部分集中在倾向值较高的区间内，而控制组样本大部分集中在倾向值较低的区间内，两者之间相互重合的区间太窄，那么该倾向得分匹配是无效的。因此，在计算处理效应之前，需要对样本进行共同支撑检验，以确保控制组和处理组之间有足够的样本能匹配上。

通过匹配的方法，分别剔除了处理组和控制组中倾向值处于经验分布尾端的样本。图5-2的（a）和（b）分别给出了处理组和控制组样本匹配前后倾向值的核密度函数。图5-2显示，在匹配前处理组与控制组样本的支撑域具有较大的差别，但是在经过匹配后，处理组和控制组样本的倾向得分区间具有相当大范围的重合。因此，我们认为处理组和控制组样本具有较大的共同支撑域，通过了共同支撑检验。

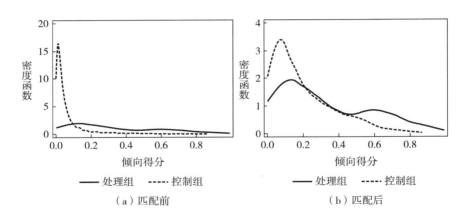

图5-2 处理组和控制组倾向得分的核密度函数

三 市民化对于农业转移人口收入水平的平均处理效应

上文的平衡性检验以及共同支撑性检验的结果表明，处理组样本与匹配上的控制组样本是基于同一个整体在是否获得城市户籍上的两种不同表现。因而两者之间的收入差距可以认为是城市户籍所带来的。这里农业转移人口的收入水平指标采用的是"总收入"，即个人名下的各项收入合计，包括工资性收入、从各种渠道获得补贴、津贴、补助、酬金，以个人名义租赁获得的租金、补偿金、存款利息、股票/基金/债券分红，接受的各种赠予折合人民币、借贷性收入等。^① 倾向得分匹配中具体的匹配方法主要包括 K 最近邻匹配、半径匹配以及核匹配等，且这几种匹配的方法在实际中的差距不太大（Vandenberghe and Robin，2004）。本节主要采取上述三种不同的匹配方法，将倾向得分匹配法与双重差分法相结合，来估计户籍转换对农业转移人口收入水平的平均处理效应。具体的估计结果如表 5 - 4 所示。

表 5 - 4   户籍转换对农业转移人口收入水平的平均处理效应

匹配方法	匹配参数	共同支撑样本量	2010 年处理组与控制组收入水平的差距	2012 年处理组与控制组收入水平的差距	收入水平变化的二次差分
K 最近邻匹配	$k = 10$；$\delta = 0.001$	3518	− 0.1871	0.4110	0.5981 **
	$k = 10$；$\delta = 0.01$	3575	− 0.1257	0.5272	0.6529 **
	$k = 20$；$\delta = 0.001$	3518	− 0.0802	0.4429	0.5231 **
	$k = 20$；$\delta = 0.01$	3575	− 0.0578	0.5797	0.6375 **
半径匹配	R；$\delta = 0.001$	3518	− 0.0474	0.4152	0.4626 *
	R；$\delta = 0.01$	3575	− 0.0266	0.5466	0.5732 **
	R；$\delta = 0.1$	3600	− 0.0671	0.9988	1.0659 ***
	R；$\delta = 0.5$	3604	− 0.0392	1.2805	1.2477 ***
核匹配	$epan$，$bw = 0.03$	3604	0.2311	1.3437	1.1126 ***
	$norm$，$bw = 0.03$	3604	0.2311	1.3437	1.1126 ***
平均值		3569	− 0.0169	0.7817	0.7986

在具体的操作中，为了有效控制收入异常值的干扰且尽可能保留样本，本节对"总收入"的数值做了取对数的处理。表 5 - 4 的最后一列表明，农业转移人口在获得城市户籍以后，收入水平显著提高了。最后一行表明，平均而言 2010 年处理组的收入水平比控制组的收入水平的对数低 − 0.0169，但是 2012 年，平均而言处理组的收入水平比控制组的收入水平的对数明显高出 0.7817 左右。所

---

① 这里农业转移人口"总收入"的定义主要来自 CPFS 的调查问卷。

以，在 2010 年和 2012 年，平均而言获得城市户籍能使农业转移人口收入水平的对数提高大约 0.7986。表 5 - 1 的描述性统计结果中，处理组的农业转移人口人均收入水平的对数值大约为 6.820。所以，平均而言，获得城市户籍能使农业转移人口的收入水平大约提高 11.71%（0.7986/6.820）。

为了进一步了解市民化对农业转移人口中不同群体收入水平的影响，本节根据样本所处省份的地理位置以及学历水平来进行分组，考察市民化对不同区域、不同学历水平的农业转移人口生活满意度影响的异质性。具体的分组方式为：依据家庭所在省份的地理位置，分为东部地区和中西部地区两个区域①；依据学历水平的高低，分为小学及以下学历、初中学历和高中及以上学历三个层次②。基于 K 最近邻匹配（$k = 10$；$\delta = 0.01$）与双重差分相结合的方法，测算得到户籍身份转换对不同群组的农业转移人口收入水平影响的结果如表 5 - 5 所示。

表 5 - 5　　　　　户籍身份转换对农业转移人口收入水平

处理效应的异质性分析

匹配参数	共同支撑样本量	2010 年处理组与控制组收入水平的差距	2012 年处理组与控制组收入水平的差距	生活满意度变化的二次差分
地理位置				
东部省份	1673	- 0.2870	- 0.1838	0.1032
中西部省份	1894	- 0.1079	0.9956	1.1035 ***

---

① 由于 CFPS 数据集的限制，本章仅能确定每个样本所在的省份，无法确定其所在的城市。因此，我们难以根据人口的聚集程度对地理位置进行划分，只能根据各省份所在的区域来粗略划分，不同的区域位置能在一定程度上反映经济发展的水平。由于本章的样本中，发生户籍身份转换的农业转移人口样本数量仅为 323 个，其中分布在西部省份的样本数量过少，所以将中西部地区省份的样本合并，作为一个群组进行考察。

② 本章考察的发生户籍身份转换的农业转移样本数量仅为 323 个，其中拥有大学及以上学历的仅 26 个，所以将大学及以上学历的样本与高中学历样本合并，作为一个群组进行考察。

续表

匹配参数	共同支撑样本量	2010 年处理组与控制组收入水平的差距	2012 年处理组与控制组收入水平的差距	生活满意度变化的二次差分
学历水平				
小学及以下学历	1821	0.0910	0.1091	0.0181
初中学历	1242	− 0.2560	0.3416	0.5976 **
高中及以上学历	410	− 0.4731	0.9687	1.4418 ***

不同地区的经济发展水平和开放程度不同，对农业转移人口的吸引力也不同。不同学历水平的农业转移人口拥有的人力资本水平不同，在城镇劳动力市场上所处的位置也不同，因而市民化对他们的收入水平的影响也具有异质性。表 5 – 5 的估计结果表明，在东部省份，市民化对农业转移人口收入水平的影响不显著，而在中西部地区市民化能显著地提高农业转移人口的收入水平。这主要是因为东部的沿海省份在我国的经济、政治和其他社会活动中起着重要的作用，城市户籍背后所隐藏的公共服务更多，这些省份对农业转移人口具有更大的吸引力。因此，在发达的省份和地区，城市户籍供不应求，这些地区城市户籍本身的价值也随之增加。这些地区的某些单位为了补偿农业转移人口不能获得户籍的损失，可能会提高工资水平，或者这些地区的农业转移人口为了获得城市户籍，而主动放弃某些高薪的工作。这样，由于城市户籍本身的价值在提升，农业转移人口的实际收入水平也会有所下降。因而，户籍本身的价值所造成的实际收入减少，与消除户籍歧视等所带来的实际收入增加可能导致市民化后农业转移人口的收入水平没有显著的变化。而在中西部地区，户籍的开放程度较高，农业转移人口获得城市户籍的成本较小，因此市民化所带来的收入效应十分显著。

就不同学历水平的农业转移人口而言，市民化对小学及以下学历的农业转移人口收入水平的影响不显著，却能显著提高初中及以上学历农业转移人口的收入水平。而且学历水平越高，收入效应越大。这主要与城市户籍获得的途径相关，在城市户籍获得的可能途径中，征地、买房以及教育占主要的地位（Xing, 2010），低学历的农业转移人口获得城市户籍的方式主要是通过前两种，由于人力资本水平较低，户籍身份的转换也使这部分农业转移人口从低端劳动力市场流入相对高端的劳动力市场，因此市民化所带来的收入效应不显著。相反，对于学历较高的农业转移人口，获得城市户籍的途径可能是因为接受了更高教育，或者进入了相对高端的劳动力市场。接受了更高的教育来提高人力资本水平，从而获得较高的工资收入；而进入相对高端的劳动力市场，不但使解决户籍的概率提高，收入水平也能有所提高。

第四节　本章小结

本章的主要研究目标是探讨市民化的客观福利效应，即对农业转移人口收入水平的影响。基于 CFPS 2010 和 CFPS 2012 的微观调查数据，将 2010 年与 2012 年农业转移人口发生户籍身份转换的事件视作市民化的自然实验，综合采用了倾向得分匹配和双重差分（PSM–DID）的方法来实现本章的研究目标。本章主要得到了以下几点结论：

第一，城市户籍的获得不是偶然的，而是与个人、家庭、村/居以及所在省份的宏观环境等特征息息相关。具体而言，经济发展水平对城市户籍的获得没有显著影响，人均公共支出越高的地区获得城市户籍的可能性越低；处于近郊以及市区的村/居的农业转移人口获得城市户籍的可能性更大；农业转移人口家庭的人均收入越高，获得城市户籍的可能性越大；年龄较大、未婚的农业转移人口获得城市户籍的可能性较大；个人或配偶的教育水平越高，获得城市户籍的概率也越大。

第二，市民化能显著提高农业转移人口的客观福利水平。具体来看，市民化能显著提高农业转移人口的收入水平，平均而言，市民化提高了农业转移人口大约 11.7% 的收入水平。此外，对于不同地区、不同学历水平的农业转移人口，市民化带来的客观福利效应水平也不同。市民化能显著提高中西部地区以及初中以上学历农业转移人口的收入水平。

本章的结论表明，市民化能在一定程度上提高农业转移人口的收入，从而有助于提高他们的福利水平。在本章的研究中，将户籍身份的转变看作农业转移人口市民化的"标识"，市民化带来的收入水平提高，实质上是获得城市户籍以后，农业转移人口收入水平的提高。换句话说，户籍本身被当成了一个甄别和筛选机制，获得城市户籍的农业转移人口一方面免予受到职业选择以及职业内部"同工不同酬"的歧视；另一方面获得了由于户籍本身所带来的补贴、津贴以及其他现金实物的福利。因此从某种意义上说，市民化不仅能有效提高农业转移人口的收入水平、提高他们的福利，而且能有效缩小城市内部的收入差距，提高全社会的福利水平。

第六章

市民化的福利效应

——基于生活满意度视角

    第五章主要从客观的角度研究,市民化对于农业转移人口收入水平的影响,研究的结论表明市民化能显著提高农业转移人口的收入,提高他们的客观福利水平。本章则主要从主观的角度出发,研究市民化对农业转移人口生活满意度的影响。其中,生活满意度指标来自微观调查数据集中的主观问题部分。

第一节　农业转移人口生活满意度现状分析

    目前,从实证的角度对个体的生活满意度进行研究时,大多采用问卷调查的形式。问卷中所涉及的相关问题主要分为两大类:一类是对生活满意度的调查;另一类是对主观幸福感的调查。大量的实证研究认为生活满意度是主观幸福感的一种测量工具(Dolan et al. , 2008;Kahneman and Krueger, 2006;Oishi, 2010),生活满意度实质上就是主观幸福感的表现形式。因为生活满意度的调查数据和主观幸福感的调查数据具有高度的相关性,两者在对调查个人的心理状态上没有本质差异,所以,采用两种调查数据所得到的研究结论基本一致(Blanchflower, 2009)。因此,本章对主观幸福感和生活满意度不作严格的区分。

虽然生活满意度并不完全等于个人的效用函数，但它是个人效用函数中的一部分，生活满意度的上升能为个人带来很高的边际效用（Glaeser et al.，2014）。同时，生活满意度也是福利效应的一个重要的表现方式。长期的户籍分割制度，造成了城市居民与农业转移人口之间的"新二元结构"，农业转移人口虽然生活在城镇地区，但长期处于低端劳动力市场，从事重体力、高危的工作，缺乏身份和心理层面上的认同感（Meng and Zhang，2001）。在城镇务工期间，他们更多地关注经济层面的收益，却极少地关注生活满意度。

经济增长和政府政策的长期目标是提高国民的福利，对于大多数人而言，福利不仅仅体现在物质生活水平的提高，而且体现在精神层面上的生活满意度或主观幸福感增加。随着我国经济增长进入新常态，中央政府下调了经济增长的目标，开始强调经济增长的质量和效益，更加重视改善民生和提高居民的生活满意度。因此，作为我国城镇化时期特殊而庞大的群体，农业转移人口在城镇的生活满意度问题需要引起我们的重视。

农业转移人口实现市民化以后，生活满意度能否得到提高？即市民化与农业转移人口生活满意度的提高是否存在因果关系？这是本章研究的重点所在。与第五章一致，本章将户籍身份转换作为市民化的"标识"，直观地将农业转移人口市民化的过程定义为农业转移人口获得城市户籍的过程。因为是否拥有城镇户籍决定了农业转移人口能否公平地被当地劳动力市场、社会保障、公共服务等一系列政策所涵盖。自古以来，中国就是一个十分看重身份地位的社会，当代的中国，最为重要的身份恐怕就是户籍了。对于农业转移人口而言，获得城市户籍不仅仅意味着实现了立足于城市，获得了相应的社会保障与福利，更重要的是提高了身份地位。这些都有可能提高他们对生活的满意度。

进一步，本章将市民化对农业转移人口生活满意度的影响进行机制分析。从直接的影响机制来看，根据定义市民化意味着户籍身份的改变，身份的改变可能对农业转移人口的心理造成冲击，直接对生活满意度带来影响；从间接的影响机制来看，考虑到随着迁移时间的延长，农业转移人口的主观相对收入地位、主观社会地位以及对未来的信心程度等主观心理因素也将有所改变，这些主观心理因素的变化与城市户籍的获得无关，但是与生活满意度的变化相关。因此，本章将同时考虑市民化对农业转移人口生活满意度的直接和间接影响机制，深入分析市民化对于农业转移人口生活满意度的影响。

第二节　市民化对农业转移人口生活满意度影响的实证分析

本章与第五章的研究采用同一套数据和相同的计量模型。数据来自 CFPS 2010 年和 CFPS 2012 年的调查，研究对象为在两次调查中均出现的农业转移人口。将户籍身份的转变看作市民化的"标识"，重点研究在两次调查期间转变户籍身份所带来的生活满意度的变化。与第五章一致，本章也将采用倾向得分匹配与双重差分相结合的方法（PSM – DID），将市民化视为自然实验，发生户籍身份转变的农业转移人口定义为处理组样本，未发生户籍身份转换的农业转移人口定义为控制组样本。在有效克服其内生性的情况下，研究市民化对农业转移人口生活满意度的影响。

在具体的变量选取上，除了保留第五章中用到的全部变量以外，本章还选取了有关个人主观心理层面的诸多变量，如生活满意度、收入地位、社会地位、未来信心程度等。在问卷调查中，主观变量均采用的是五点量表法，如生活满意度指标："很不满意——1 – 2 – 3 – 4 – 5——很满意"，数值越高，代表满意度程度越高。本章给出了2010 年和 2012 年，处理组和控制组分别在各个主观指标上的数值以及两者的差异。如表 6 – 1 所示。

表 6 – 1　　　　　　　　数据及变量的描述性统计分析

| 指标类型 | 变量 | 定义 | 处理组 A | | 控制组 B | | 差值 |
			均值	标准差	均值	标准差	A – B
主观心理	Income_status_ 10	（2010 年）在本地的收入地位很低——1 – 2 – 3 – 4 – 5——很高	2.210	0.980	2.220	0.960	0.010
	Status_ 10	（2010 年）在本地的社会地位很低——1 – 2 – 3 – 4 – 5——很高	2.670	0.970	2.750	0.930	– 0.073 *
	Satisfy_ 10	（2010 年）对生活的满意度很不满意——1 – 2 – 3 – 4 – 5——很满意	3.540	1.050	3.490	1.020	0.050
	Confidence_ 10	（2010 年）对未来的信息程度很没信心——1 – 2 – 3 – 4 – 5——很有信心	3.710	1.170	3.740	1.040	– 0.035
	Income_status_ 12	（2012 年）在本地的收入地位很低——1 – 2 – 3 – 4 – 5——很高	2.220	0.960	2.230	0.920	0.010
	Status_ 12	（2012 年）在本地的社会地位很低——1 – 2 – 3 – 4 – 5——很高	2.630	0.970	2.640	1.680	– 0.008
	Satisfy_ 12	（2012 年）对生活的满意度很不满意——1 – 2 – 3 – 4 – 5——很满意	3.560	0.940	3.290	1.070	0262 ***
	Confidence_ 12	（2012 年）对未来的信息程度很没信心——1 – 2 – 3 – 4 – 5——很有信心	4.040	4.310	3.660	1.130	0.376 ***

　　表 6 – 1 的个人主观心理特征统计结果显示，平均而言，2010 年控制组样本和处理组样本在相对收入水平、生活满意度和未来信心程度上均无显著差异，而处理组样本的主观社会地位显著低于控制组样本；2012 年控制组样本与处理组样本在相对收入水平上仍不存在显著差异；但是，无论在生活满意度上，还是在未来信心程度上，处理组样本均显著高于控制组样本，且两者之间的主观社会地位也不存在显著差异了。基本统计结果表明，相比控制组样本，在 2010 年到 2012 年，处理组样本在生活满意度、主观社会地位以及未来信心程度上均有了显著的提高。

　　从基本统计的结果来看，处理组样本在 2010 年和 2012 年，生活满意度有了显著的提高，接下来，本章将进一步采用 PSM – DID 的方法，探究农业转移人口市民化与生活满意度提高之间的因果关系。

在其他因素都保持不变的情况下，仅仅由于户籍身份的转变，农业转移人口生活满意度的变化是多少？对同一个农业转移人口而言，在 2012 年不可能同时发生户籍转变或保持户籍不变，如果能够同时观测到他的这两种户籍身份状态，那么这两种户籍身份状态下生活满意度的差值就是由于户籍转换所带来的改变。与市民化对农业转移人口收入水平所带来的影响一样，由于无法观测到事后组中，处理组样本未发生户籍身份转变下的情况，我们可以采用倾向得分匹配的方法，在控制组中匹配出和处理组特征类似的样本，将匹配上的控制组样本代替原来的控制组样本进行双重差分的计算。这样不但能有效地克服由于个体特征差异，而造成的市民化对农业转移人口生活满意度影响的估计偏差，而且还控制了那些不可观测的、不随时间改变的因素所带来的影响。根据 PSM – DID 方法，可以得到市民化对农业转移人口生活满意度影响的平均处理效应：

$$ATT_{PSM-DID} = E(Y_1^T - Y_0^T \mid X_0, D = 1) - E(Y_1^c - Y_0^c \mid X_0, D = 0)$$

$$(6-1)$$

（一）市民化对生活满意度的平均处理效应估计

上述的检验结果表明，从影响城市户籍获得的变量特征来看，处理组样本和匹配上控制组样本之间不存在显著的差异。因此，平均而言，两者在生活满意度上表现出来的差异可以归结于户籍身份的不同。接下来，本节根据双重差分的思想，通过计算两组样本在两年之间生活满意度变化的差距，来估计市民化对生活满意度的平均处理效应。

表 5 – 5 给出了使用两种不同匹配方法估计的结果，这两种方法均建立在平衡性检验和共同支撑域假设满足的基础上。Vanden-berghe 和 Robin（2004）认为，原则上，无论是采用 K 近邻匹配，还是采用半径匹配等其他匹配方法，对结果的影响不会太大。表 5 – 6

的结果也表明无论采用何种估计方法、何种匹配参数，市民化对农业转移人口生活满意度的影响都是稳定存在的。说明采用PSM－DID方法控制了样本的自选择偏误后该影响依然显著。从匹配的共同支撑样本量来看，无论采用何种匹配方法，样本量都在3600左右。在完成匹配后，2010年处理组样本与控制组样本的生活满意度没有显著的差异，但2012年处理组样本的生活满意度显著高于控制组样本。平均而言，市民化能提高农业转移人口大约3.06%（0.1084/3.540）的生活满意度。

表6－2　　户籍转换对农业转移人口生活满意度影响的平均处理效应

匹配方法	匹配参数	共同支撑样本量	2010年处理组与控制组生活满意度的差距	2012年处理组与控制组生活满意度的差距	生活满意度变化的二次差分
K最近邻匹配	$k = 5$；$\delta = 0.01$	3575	0.1114	0.2256 ***	0.1142 **
	$k = 5$；$\delta = 0.05$	3596	0.1240	0.2396 ***	0.1156 **
	$k = 5$；$\delta = 0.1$	3601	0.1125	0.2572 ***	0.1447 ***
	$k = 10$；$\delta = 0.01$	3575	0.1340	0.2095 ***	0.0755 *
	$k = 10$；$\delta = 0.05$	3596	0.1411	0.2047 ***	0.0636 *
	$k = 10$；$\delta = 0.1$	3601	0.1262	0.2200 ***	0.0938 **
半径匹配	R；$\delta = 0.01$	3575	0.1129	0.2050 ***	0.0921 **
	R；$\delta = 0.05$	3596	0.0956	0.2096 ***	0.1140 **
	R；$\delta = 0.1$	3601	0.0699	0.2319 ***	0.1620 ***
平均值		3591	0.1142	0.2226 ***	0.1084 **

注：①最近邻法（k；δ），k指在领域内最近的匹配结果个数，δ表示半径的大小；②上述所有的结果都是在共同支撑域的基础上对处理组样本和控制组样本计算得出的。

表6－3基于PSM－DID方法的估计结果表明，市民化能显著提高农业转移人口的生活满意度。由于DID方法的特殊性，市民化对农业转移人口生活满意度的提高是一个相对意义上的概念。那么，从绝对意义上来说，2010年和2012年，是市民化的农业转移人口

生活满意度提高了，还是未实现市民化的农业转移人口生活满意度下降了？抑或是两者的生活满意度都上升（下降）了，只是市民化的农业转移人口生活满意度上升得更多（下降得更少）？为了回答这个问题，本节分别考察了处理组样本以及匹配上的控制组样本在2010年与2012年生活满意度的变化情况，如表6－3所示。

表6－3　　　处理组和控制组两年之间平均生活满意度的变化

	参数	处理组样本两年之间平均生活满意度的变化	控制组样本两年之间平均生活满意度的变化
K最近邻匹配	$k = 5$；$\delta = 0.01$	0.0070	－0.1500**
半径匹配	R；$\delta = 0.01$	0.0185	－0.1941***

表6－3的结果显示，市民化的农业转移人口在这两年之间生活满意度有了微弱的提高（不显著），而未市民化的农业转移人口的生活满意度显著下降了。也就是说，市民化对农业转移人口生活满意度的正向影响，主要是通过阻止农业转移人口的生活满意度下降所表现出来的。对于农业转移人口而言，生活满意度或主观幸福感并不是他们最初迁移时所关注的重点，而是他们面临长期迁移抉择时所关注的目标。一般而言，刚开始农业转移人口更多关注的是在城镇的就业机会、工资收入等问题，但随着时间的增加，农业转移人口对于生活品质的追求开始不断提升。由于在城市的现实生活状况与他们的理想和期望之间存在较大差距，所以，他们对于生活的满意度会逐渐下降（Benjamin and Heffetz，2012；孙三百等，2014；Stillman et al.，2015）。Knight 和 Gunatilaka（2010a，2012b）的研究表明中国的农村居民在进入城市务工以后，生活满意度较之前会出现一定程度的下降。但在考虑到未来的经济收益以及子女的教育等因素后，农业转移人口可能会选择克服当下的困难来追求长远的利益，立足于城市。因此，即使生活满意度有所下降，他们也仍然会选择继续留在城市务工。

（二）市民化对生活满意度影响的异质性分析

同样，为了进一步了解市民化对农业转移人口中不同群体生活满意度的影响，本节根据样本所处省份的地理位置以及学历水平来进行分组，考察市民化对不同区域、不同学历水平的农业转移人口生活满意度影响的异质性。基于 K 最近邻匹配（k = 10；δ = 0.01）与双重差分相结合的方法，测算得到户籍身份转换对不同群组的农业转移人口生活满意度影响的结果如表 6 - 4 所示。

表 6 - 4　　　　户籍身份转换对农业转移人口生活满意度
影响的异质性分析

匹配参数	共同支撑样本量	2010 年处理组与控制组生活满意度的差距	2012 年处理组与控制组生活满意度的差距	生活满意度变化的二次差分
地理位置				
东部省份	1673	0.1451	0.2875 ***	0.1537 **
中西部省份	1894	- 0.0718	0.0594	0.1312
学历水平				
小学及以下学历	1821	- 0.0646	0.1062	0.1708 **
初中学历	1242	0.0501	0.3351 ***	0.2850 **
高中及以上学历	410	0.1858	0.3181 ***	0.1323

表 6 - 4 的结果显示，从省份所在区域的分组来看，在东部省份，市民化能显著提高农业转移人口的生活满意度。在两年中，处理组样本比匹配上的控制组样本具有更高的生活满意度；而在中西部省份，市民化对农业转移人口生活满意度的影响不显著。因为东部的省份经济发展水平更高，其中的众多特大城市、大中城市在我国的政治、经济和其他社会活动中发挥着主导作用，其在一定程度上反映了整个国家的经济发展水平、辐射能力以及科技创新能力，吸引了大批的农业转移人口。能获得东部省份大城市的户籍，从而在大城市立足，享受大城市户籍背后的公共服务以及社会保障，这

对农业转移人口效应可能更大。

从学历水平分组来看，小学及以下学历和初中学历的农业转移人口完成市民化后生活满意度有了明显的上升，而高中及以上学历的农业转移人口在完成市民化后生活满意度却没有显著的变化。这说明低教育水平的农业转移人口更加容易满足，市民化给他们带来的效应更强；高学历的农业转移人口获得城市户籍的途径，很有可能是突破了城镇劳动力市场的壁垒，进入了回报较高、教育水平较高的职业或岗位。在进入这些岗位后，虽然他们的绝对收入水平上升了，但是由于对比参照的对象发生了变化，导致相对收入水平或主观社会地位降低，这给他们的生活满意度带来了负向影响。因而，市民化对于相对高学历的农业转移人口影响并不显著。相比较而言，低学历的农业转移人口即使获得城市户籍，也由于自身人力资本的限制，难以进入高端的劳动力市场，收入水平也仅由于现有工作岗位的福利水平增加所带来的。即便他们和与自己同样从事低端劳动工作的本地居民进行对比，相对收入水平或主观社会地位也不会下降，所以市民化能显著地提高低学历农业转移人口的生活满意度。

第三节　市民化对农业转移人口生活满意度的影响机制分析

上文的研究表明，市民化能显著提高农业转移人口的生活满意度，而且市民化对生活满意度的正向影响在较为发达的东部地区和低学历群体的农业转移人口中更加显著。那么，市民化对农业转移人口生活满意度的影响机制是什么？这是本节的研究重点所在。在本章的研究框架下，农业转移人口的市民化"标识"为获得城市户籍，这意味着农业转移人口身份的改变，而中国人民自古以来就十分重视身份地位。因此，从直观上来看，获得城市户籍能增加他们的内心满足感。除此之外，相关研究还表明，个人的其他主观心理因素，比如主观收入水平、主观社会地位以及未来自信心等的变化也会对农业转移人口的生活满意度造成影响（Frey and Stutzer，2002）。这些主观心理因素无法决定农业转移人口是否能实现市民化，但是市民化有可能对它们造成一定的冲击。

　　基于上述分析，市民化对农业转移人口生活满意度的影响，既包含直接的影响，也包含间接的影响。具体地，如图 6-1 所示。

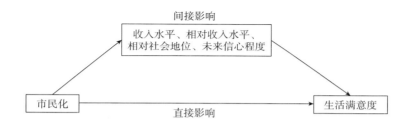

图 6-1　市民化对生活满意度的影响机制分析

　　首先，我们探讨市民化对收入水平和其他主观心理因素的作用。同样，采用上文中的 PSM-DID 方法，我们可以计算出市民化对农业转移人口的相对收入水平、主观社会地位以及未来信心程度的影响。相对收入水平（主观收入水平）指标，来自问卷中的问题："您的个人收入在本地属于?"答案："很低——1-2-3-4-5——很高"；主观社会地位指标，来自问卷中的问题："您的社会地位在本地属于?"答案："很低——1-2-3-4-5——很高"；未来信心程度指标，来自问卷中的问题："您对自己未来的信心程度?"答案"很没信心——1-2-3-4-5——很有信心"。

　　下文中仅列出了根据倾向得分匹配方法（K 最近邻匹配）与双重差分相结合的方法（PSM-DID）测算出来的市民化对其他影响生活满意度因素的处理效应，如表 6-5 所示。

表6-5 市民化对其他生活满意度影响因素的处理效应测算结果

匹配方法	参数	收入水平	相对收入水平	主观社会地位	未来信心程度
k最近邻匹配	$k=10$；$\delta=0.01$	0.6529**	0.0356	-0.0418	0.3894**
	$k=10$；$\delta=0.05$	0.9975***	0.0161	-0.0598	0.3711**
	$k=10$；$\delta=0.1$	1.1669***	0.0329	-0.0811	0.3804**
平均值		0.9331	0.0215	-0.0609	0.3803

表6-5的第一列市民化对农业转移人口收入水平的影响是上一节估算的结果，上一节的结论表明，市民化使农业转移人口的收入水平有了显著的提高。万海远和李实（2013）将该收入水平的提高归结于户籍歧视，因为他们在计算收入水平的时候，尽可能地剔除了补贴性收入。而本章的收入水平增加既包含农业转移人口福利水平的增加，也包含由于消除户籍歧视所带来的收入增加。表6-5的第二列和第三列结果显示市民化并未造成农业转移人口相对收入水平、主观社会地位的显著变化。主要因为农业转移人口市民化后，生活工作的参照对象发生了变化，参照对象由以往与自己情况类似的农业转移人口变为了本地城镇居民，因而相对收入水平以及主观社会地位并没有得到明显提高。但值得注意的是，市民化显著提高了农业转移人口对未来的信心，说明市民化给农业转移人口带来较大的心理效应。在获得城市户籍后，农业转移人口对自己未来的生活更加充满信心，有了更多的身份和社会认同感。这不仅意味着他们与本地居民享有相同的未来发展机会和空间，而且还意味着与本地居民享有相同的社会保障机制。Frey和Stutzer（2002）认为的个人地位的提升，会提高他们对未来的期望和信心程度，从而在短期内能提升他们的主观幸福感。

接下来，本节选取处理组样本和匹配上的控制组样本在两年之间的生活满意度变化作为被解释变量，建立如式（6-2）所示的模型来进一步分析影响生活满意度变化的决定因素。

$$\Delta Satisfy_i = \beta_0 + \beta_1 Change_i + \sum_{j=1}^{4} \gamma_j \Delta X_{ji} + \sum_{k=1}^{4} \mu_k Change_i \times \Delta X_{ki} +$$

u_i
$$(6-2)$$

其中，$i = 1$，2，$\cdots$，n 表示第 i 个农业转移人口样本，$\Delta Satisfy_i$ 表示样本 i 生活满意度的变化；$Change_i$ 表示市民化虚拟变量：$Change_i = 1$ 表示第 i 个农业转移人口发生了户籍身份的转换，$Change_i = 0$ 表示未发生。ΔX_{ji}，$j = 1$，2，3，4 分别表示第 i 个农业转移人口样本的收入水平（Absolute_ income）、相对收入水平（relative_ income）、主观社会地位（Social_ status）以及未来信心程度（Confidence）的变化。

之所以选取处理组样本和匹配上的控制组样本两年之间生活满意度变化作为被解释变量，是因为一方面，考虑到处理组样本与匹配上的控制组样本，可以看作同一个整体，在市民化与未实现市民化两组不同实验下得到的结果，因此某些与市民化无关、与其他个人主观心理因素无关，且决定生活满意度的因素在两组样本没有显著差异；另一方面，是为了剔除样本中其他与时间无关的变量，比如样本所在地的文化以及人们的价值观念差异等，这些也可能对人们的生活满意度造成影响。

表 6－6 报告了与式（6－2）相关的回归结果。其中，模型（1）仅考虑了市民化对生活满意度变化的影响；模型（2）控制了其他的主观心理因素的变化；模型（3）在模型（2）的基础上进一步加入了市民化虚拟变量与其他主观心理因素的交互项。模型（1）的回归结果表明，市民化显著提高了农业转移人口的生活满意度，平均而言，在未控制其他个人主观心理因素的作用下，市民化的农业转移人口比未市民化的农业转移人口，两年之间的生活满意度变化高出 0.1895。

模型（2）在控制了其他主观心理因素的变化后，市民化对农业转移人口生活满意度的影响仍然显著，但是影响有所下降。说明生活满意度变化的确可以部分地由其他主观心理特征变化所解释。

表6-6　　市民化对农业转移人口生活满意度的影响机制分析

	（1）	（2）	（3）
	$\Delta Satisfy$	$\Delta Satisfy$	$\Delta Satisfy$
Change	0.1895**	0.1459*	0.1803**
	(0.079)	(0.077)	(0.078)
$\Delta Absolute\_\ income$		-0.0044	-0.0061
		(0.006)	(0.007)
$\Delta Relative\_\ income$		0.1282***	0.1066***
		(0.028)	(0.031)
$\Delta Social\_\ status$		0.0401***	0.0326**
		(0.014)	(0.014)
$\Delta Confidence$		0.1098***	0.3313***
		(0.013)	(0.026)
$Change \times \Delta Absolute\_\ income$	.		0.0126
			(0.014)
$Change \times \Delta Relative\_\ income$			0.0007
			(0.068)
$Change \times \Delta Social\_\ status$			0.0845
			(0.063)
$Change \times \Delta Confidence$			-0.2978***
			(0.030)
Cons	-0.1709	-0.1662	-0.1575
	(0.036)	(0.039)	(0.038)
N	1534	1534	1534
R^2	0.0037	0.0705	0.130
$R^2\_\ adjust$	0.0031	0.0675	0.125
F	5.742	23.19	25.22

其中，收入水平的变化对于生活满意度变化的影响不显著，而相对收入水平、主观社会地位以及对未来的信心程度的变化对生活满意度的变化均有显著的正向影响。经典的主观幸福感研究也表明，个

体的收入对主观幸福感有显著的正向影响，但该收入指的是相对收入，而不是绝对收入（Blanchflower and Oswald，2004；Easterlin，2000）。同样，文中主观社会地位也是一个相对概念，指的是相对于本地其他的居民，社会地位如何。Fred（1976）指出，相对社会地位可以通过在某些象征社会地位的物品上进行相互对比而产生。比如个人可能通过获得奢侈品，而提高内心的满足感来增加幸福感。上文的研究我们发现，市民化对农业转移人口的相对收入和主观社会地位的影响均不显著，因而即使相对收入水平和主观社会地位对于农业转移人口的生活满意度有显著影响，也不会影响市民化对农业转移人口生活满意度的作用。由于上文的研究表明，市民化能显著提高未来的信心程度，因而我们可以认为市民化对生活满意度的影响，可以部分地由未来信心程度解释。

模型（3）进一步控制了户籍转换的虚拟变量与其他主观心理因素变化的交互项，回归结果显示，市民化对生活满意度变化的影响显著为正，系数大小与模型（1）近似。平均而言，实现市民化的农业转移人口比未实现市民化的农业转移人口生活满意度高0.1803。特别地，我们发现市民化与未来信心程度变化的交互项为负，对于市民化的农业转移人口而言，未来的信心程度的变化每增加一个单位，生活满意度的变化增加0.0335（0.3313－0.2978）个单位。对于未市民化的农业转移人口而言，未来的信心程度变化增加1个单位，生活满意度的变化增加0.3313个单位。由于市民化对农业转移人口的未来信心程度具有显著的正向影响，因而模型（2）低估了市民化对农业转移人口生活满意度的影响。

模型（1）至模型（3）的结果表明市民化不但能直接提高农业转移人口的生活满意度，而且能间接通过提高农业转移人口对未来的信心程度来提高他们的生活满意度。

第四节　本章小结

本章的主要研究目标是探讨市民化对农业转移人口主观福利效应的影响。基于 CFPS 2010 和 CFPS 2012 微观调查数据，将 2010 年与 2012 年农业转移人口发生户籍身份转换的事件视作市民化的自然实验，综合采用了倾向得分匹配和双重差分（PSM – DID）的方法来实现本章的研究目标，并在此基础上进行了机制分析。本章主要得到了以下几点结论：

第一，市民化能显著提高农业转移人口的主观福利效应。具体来看，市民化能显著提高农业转移人口的生活满意度，平均而言，市民化提高了农业转移人口大约 3.06% 的生活满意度。农业转移人口在城市务工，经历了一个生活满意度下降的过程，市民化对农业转移人口生活满意度的正向影响，主要是通过阻止农业转移人口的生活满意度下降所带来的。

第二，市民化对不同省份、不同学历水平的农业转移人口主观福利效应的提高具有异质性。相比中西部地区的农业转移人口，东部省份的农业转移人口转换户籍身份后，生活满意度增加了更多；相比高学历的农业转移人口，低学历的农业转移人口实现市民化对生活满意度增加得更多。

第三，市民化对农业转移人口生活满意度既包含直接的影响，也包含间接的影响。市民化不但能直接提高农业转移人口的生活满意度，而且能从间接的角度通过提高农业转移人口对未来的信心程度来提高他们的生活满意度。

本章的研究结论对促进城市内部的社会和谐，提高农业转移人口的民生福利效应具有一定的政策含义。对于农业转移人口而言，市民化不仅意味着身份的转变，消除了城镇劳动力市场上的户籍歧视以及公共服务的不均等，更重要的是在城市户籍获得之后身份和社会认同感增加，提高了对未来生活的信心，从而增加了农业转移人口的生活满意度。由于户籍制度存在而造成的城市内部的"二元结构"，不仅从客观上造成了农业转移人口在城镇收入水平的降低，而且从主观上削弱了他们在城市生活的满意度。因此，需要通过进一步放松户籍制度来提高农业转移人口的福利水平。

第七章

农业转移人口市民化的
路径选择

　　农业转移人口市民化是一项宏大且复杂的社会系统工程，在选择具体的实施路径前，既要考虑各地的实际情况，也要考虑我国二元经济与现行财政体制的基本特点。本章主要针对农业转移人口市民化的路径提出相关政策建议。在此之前，本章首先对上文提到的有关市民化现状的客观事实进行总结，为市民化的路径选择提供现实指导；其次，分析市民化问题的内在逻辑，从更为深层次的角度剖析市民化问题的本质；再次，从体制层面来发现市民化政策面临的约束，并提出相应的保障机制；最后，在市民化的客观事实、内在逻辑以及体制保障的基础上，选择合理的市民化路径。本章主要分为三个小节，第一节主要对市民化的客观事实进行总结和对市民化问题的内在逻辑线索进行深入分析；第二节主要从体制层面突破市民化问题，提出了合理分担市民化成本以及对地方政府进行激励的财政体制保障建议；第三节是在市民化的现实基础、内在逻辑以及体制约束这三个部分的基础上，提出的以"因地制宜"与"因人施策"为核心的市民化路径。

第一节　市民化的客观事实总结
以及内在逻辑分析

一　市民化的客观事实总结

从已有关于农业转移人口的数据和上文的研究结论来看，虽然我国城镇化进程发展迅速，但是农业转移人口市民化的问题却相对滞后。广大的农业转移人口并未完全实现市民化，他们的城市适应能力、生存能力依旧很脆弱，长期处于城镇劳动力市场的最低端，成为城市的边缘人群。近年来，国家在推进农业转移人口市民化问题上提出了一系列的指导方针，如2014年的中央农村工作会议首次提出"三个1亿人"的战略思想，即到2020年解决约1亿进城常住的农业转移人口落户城镇、约1亿人口的城镇棚户区和城中村改造、约1亿人口在中西部地区的城镇化；2016年7月财政部颁发了实现2020年1亿进城常住农业转移人口落户城镇的相应财政配套措施。但是，农业转移人口在城镇面临的现实困难依旧重重。本节将从以下几个方面来总结当前市民化问题的客观事实。

第一，户籍城镇化率滞后于常住人口城镇化率，大城市落户条件依旧严苛。国家统计局数据显示，2019年我国常住人口的城镇化率达到了60.60%，户籍人口城镇化率仅为44.38%，户籍城镇化率比常住人口城镇化率低了16个多百分点。2014年《国务院关于进一步推进户籍制度改革的意见》指出户籍制度的发展目标是，"进一步调整户口迁移政策，统一城乡户口登记制度，全面实施居住证制度，加快建设和共享国家人口基础信息库，稳步推进义务教育、就业服务、基本养老、基本医疗卫生、住房保障城镇基本公共服务覆盖全部常住人口"。在国家政策的引导下，各发达城市开始积极推行居住证制度，规定在设区市级以上的城区居住半年以上，有稳定的工作和住所，就能申请获得居住证。但是，居住证持有者与户籍人口之间的基本公共服务仍存在较大差距。居住证持有公民仅享受与户籍人口同等的包括义务教育、平等劳动就业等多项权利，并逐步享受与户籍人口同等的中等职业教育资助、住房保障、养老服务以及社会福利、随迁子女在当地参加中考和高考权利等。与此同时，不少城市推出了积分落户制度，如上海、广州、深圳、杭州等市，但是积分落户的条件颇为严苛，与个人的能力和在城市的投资息息相关，实际上仍然把广大的农业转移人口排除在外。

第二，农业转移人口与城镇居民基本公共服务不均等。本书基于 CFPS 2012 家庭调查数据研究发现：就住房而言，农业转移人口中家庭成员拥有全部或部分居住房屋产权的比例仅占 63.46%，而城镇居民中，拥有部分或全部所居住房屋产权的比例高达 88% 以上。农业转移人口中享受到公租房或廉租房等住房保障的比例较小，大约 40% 的农业转移人口认为住房的成本已经超过了他们的承受能力；就社会保险而言，农业转移人口的医疗保险、养老保险、生育保险等参保率均低于城镇居民。其中，养老保险的参保率与城镇居民的差距最大，低了 26% 左右；就老年人养老医疗保险而言，大多数农业转移人口老年人享有新农合和新农保，而城镇居民享有城镇职工居民养老保险、公费医疗等，城镇居民无论是在养老金额上，还是在医疗费用的报销比例上均高于农业转移人口。上文的研究结论表明，农业转移人口与城镇居民在住房保障、工作福利、社会保障以及医疗养老保险覆盖率等公共服务方面具有较大的差距。国家统计局调查结果显示，2014 年，农民工参加基本养老保险的比例为 16.7%，而在高龄农民工聚集的建筑行业，养老保险的参保率仅为 3.9%。近年来，随着相关法规的完善，农业转移人口基本养老保险、医疗保险等覆盖的比例有所上升，但是与城镇居民之间仍然存在较大差距。

第三，农业转移人口与城镇居民在工资收入以及就业机会上存在差距。图 7-1 给出了 2008—2018 年农业转移人口和城镇就业人员的月平均工资水平，从图 7-1 中可以看出，农业转移人口以及城镇就业人员的工资都出现了较快增长。其中，农业转移人口的月平均工资由 1320 元增长到 2018 年的 3721 元，年平均增长率高达 17.7%。值得注意的是，虽然总体上农业转移人口的工资增速较高，但是较城镇职工而言，农业转移人口的工资水平仍然偏低，而且两者之间的差距不断拉大。2018 年农业转移人口的工资为城镇就业人员工资的 54% 左右。

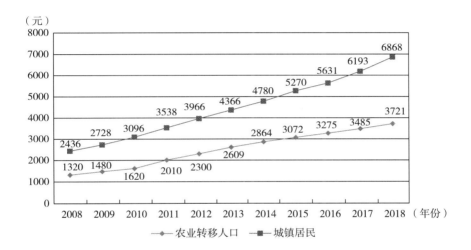

图 7 - 1　农业转移人口与城镇居民的月工资收入

资料来源：农业转移人口月工资来源于国家统计局历年《农民工监测调查报告》；城镇就业人员工资水平来源于中经网统计数据库，其中，月平均工资 = 年平均工资/12。

此外，上文基于 CHIPS 2007 微观调查数据的研究结果表明，在城镇劳动力市场上存在户籍的歧视效应，农业转移人口难以进入收入高、福利待遇较好的职业或部门，他们主要分布在技能水平低、户籍要求低、收入水平低的职业或部门。此外，农业转移人口与城镇居民的小时工资存在初始差距，延长迁移时间虽然能在一定程度上缩小工资差距，但无法实现工资的同化。农业转移人口职业分布固定且缺乏流动攀升。从职业分布来看，农业转移人口主要分布在低收入职业内；从职业流动来看，随着迁移时间的增加，农业转移人口难以进入工资收入较高的职业，缺乏从低收入职业向高收入职业攀升流动的机制。

第四，农业转移人口的城市社会融入状况不理想。城市社会的融入主要指农业转移人口认同和接受城市文明，在社会文化心理、思想价值观念等方面全面融入城市社会的过程与状态。根据2014年流动人口动态监测数据，就身份认同方面来说，仅20%左右的农业转移人口认为自己"已经是本地人"，有超过一半的农业转移人口认为自己目前依旧是"老家人"，1/4以上的农业转移人口无法界定自己是"本地人"还是"老家人"；就生活满意度而言，大约40%的农业转移人口对城市的生活工作满意度较高，大约14%的农业转移人口对城市的生活满意度较低。Knight和Gunatilaka（2012）的研究表明，进城的农业转移人口收入水平较农村居民有了较大的提升，但是生活满意度却有所下降；就长期居住意愿来说，平均而言，仅30%的农业转移人口愿意长期居住在城市，大约33%的人表示将来还是要返回农村生活，剩下的人表示不确定。

二 市民化的内在逻辑线索

农业转移人口转化为城镇居民主要是通过获得城市户籍而实现的。从表面来看，户籍制度具有必要的人口登记和管理功能，但实际上户籍制度是公民权利和社会福利的人为区分。由于城乡之间、城市之间以及区域之间发展不均衡，导致了流动人口与户籍人口之间存在公共服务的差异。对于从经济发展相对落后的农村地区到经济发达的城镇务工的农业转移人口而言，在享有公共服务水平上与城镇居民的差距较大，而城镇户籍就成为享受城镇许多公共服务的凭证。城乡二元结构与城镇劳动力市场上的二元结构一起构成的双重二元结构，是阻碍农业转移人口市民化的制度性因素。

与此同时，从政府的视角来看，农业转移人口市民化问题本质上是一个财政问题。因为农业转移人口实现市民化的过程实质上是与城镇居民在公共服务上趋于均等化的过程，该过程中政府需要付出巨大的财力，来支持农业转移人口在教育、医疗以及养老等其他公共服务上与城镇居民之间的差距不断缩小，直至消失。因此，市民化问题的内在逻辑线索如图7-2所示。

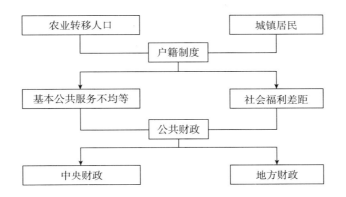

图7-2　市民化问题的内部逻辑

根据图7-2，市民化问题的内在逻辑线索可以概括如下：由于户籍制度的存在，农业转移人口与城镇居民在基本公共服务以及社会福利上均存在差距；而基本公共服务以及社会福利的支付主体是公共财政。由中央财政和地方财政共同组成的公共财政，以户籍制度作为依托，对不同户籍类型的居民采取不均等的分配方式。从这一层面来说，市民化问题的本质是财政问题，如何解决公共财政分配不均等的问题，才是解决市民化问题的根源所在。

第二节　市民化的体制保障：合理分担成本与地方政府激励

农业转移人口市民化是新型城镇化的核心，其最终目标是实现农业转移人口与城镇居民在基本公共服务上实现均等化，确保农业转移人口在身份、价值观念、社会心理、生活方式、行为方式等方面向城市居民转换的经济社会过程。这就需要政府以及全社会在经济、政策上给予支持，提供相应的政策体制保障。本节的重点关注市民化政策面临的财力和体制层面的约束，在市民化客观事实和内在逻辑基础上，寻找市民化政策的体制保障。本节从构建合理的农业转移人口市民化成本分担机制以及建立有效的地方政府激励体制两个方面着手，来探讨如何有效地突破市民化的体制壁垒，从而为选择合理的市民化路径做铺垫。

一 构建合理的农业转移人口市民化成本分担机制

（一）市民化的财政能力约束

户籍制度具有双重性，一方面，户籍制度具有人口登记和管理功能，便于对流动人口进行必要的管理和登记；另一方面，由于许多公共资源都需要凭借户籍身份来获得，户籍制度在无形中形成了对公民权利和社会福利的人为分割。根据我国城镇化率的统计口径，城镇人口既包括镇域行政区内的农业人口，又包括在城镇居住半年以上的外来人口。城镇化率＝城镇常住人口÷总人口×100%，主要指常住人口城镇化率；一个城市（镇）的市民化率＝非农人口÷城镇常住人口×100%，即一个城市（镇）中享有市民待遇的人口占全部总人口的比重。

尽管近年来我国一直积极推行城镇化政策，常住人口城镇化率和户籍人口城镇化率都有了快速持续地上升，但是长期以来，户籍城镇化率均比常住人口城镇化率低了15个百分点左右（见图7－3）。2019年我国常住人口的城镇化率达到了60.60%，户籍人口城镇化率仅为44.38%。按照2019年全国总人口数14亿人计算，大约有2.27亿被统计的城镇人口为农业转移人口及其随迁家属，均未能在教育、医疗以及社会保障上获得与城镇居民相同的待遇，尽管他们可能在生活形式上与城镇居民无异。

在总人口数不变的情况下，户籍城镇化率的上升意味着市民化率的上升，提高户籍城镇化率伴随的是巨额的公共服务和社会福利的提供成本。目前，专家学者对市民化的成本进行了测算，根据2013年中国社会科学院城市发展与环境研究所发布的《城市蓝皮

图 7 - 3 2011—2019 年常住人口城镇化率与户籍人口城镇化率

资料来源：根据《中国人口统计年鉴》以及《中国城市统计年鉴》相关数据计算得到。

书》，我国东部、中部、西部地区农业转移人口市民化的人均公共成本分别是 17.60 万元、10.40 万元以及 10.60 万元，全国平均来说市民化的成本大约为 13.1 万元/人。随着我国城镇化进程的持续推进，还将有更多的农民需要陆续转移到城镇就业和居住，需要市民化的人口将进一步增加。2014 年国务院印发的《关于进一步做好为农民工服务工作的意见》提出"引导约 1 亿人在中西部地区就近城镇化，努力实现 1 亿左右农业转移人口和其他常住人口在城镇落户，未落户的也能享受城镇基本公共服务，农民工逐步融入城镇，为实现农民工市民化目标打下坚实基础"。如果要完成《意见》提出的 1 亿农业转移人口市民化的目标，意味着 1 亿农业转移人口将登记为城市（镇）户籍并纳入城市（镇）的社会保障体系，使其与城镇居民拥有平等的社保、医疗、住房以及子女入学等保障，这显然需要支付巨额的成本。按照中国社会科学院 2013 年人均市民化成本 13.1 万元估算，在未来的几年内，政府至少需要 13 万亿元的市民化财政支出。

根据表 7-1 给出的我国各级政府财政收入的情况，尽管财政收入在持续增长，但是政府仍然难以负担起市民化所需要的成本。作为市民化政策实施的主体——地方政府，如果按照 2013 年财政收入为 6.9 万亿元计算，那么地方政府负担的 1 亿农业转移人口市民化需要的财政成本接近两年的财政收入。地方政府无法负担庞大的农业转移人口及其随迁家属享有城市（镇）基本公共服务的成本，在巨额的市民化成本面前，地方政府望而却步，这也是导致许多地方户籍制度改革夭折的一个重要原因。尤其在现阶段许多地方债务未完全清除的阶段，地方政策的财政本来就面临巨大的危机，市民化的可预见成本支出将导致地方财政陷入更加艰难的境地，因而不少政策的制定者和实施者都认为目前地方政府的财力不足以完全实现市民化。

表 7-1　　　　　　　　各级政府财政收入情况　　　　　　单位：万亿元

年份	2010	2011	2012	2013	2014	2015	2016	2017	2018
全国	8.31	10.38	11.73	12.92	14.04	15.22	15.96	17.26	18.34
中央	4.25	5.13	5.62	6.02	6.45	6.92	7.24	8.11	8.55
地方	4.06	5.25	6.11	6.90	7.59	8.30	8.72	9.15	9.79

资料来源：CEIC 数据库。

（二）市民化成本的认识误区

尽管目前在市民化成本测算方面有诸多的研究和探索，但是市民化成本分担主体不清、支出责任不明、分担机制不合理的问题尚未得到根本性的改观。以往的研究虽然对市民化成本进行了具体精确的估算，但并未明晰成本的承担主体以及支付时间，导致地方政府对需要承担的市民化成本陷入了认识误区，从而难以构建合理的市民化成本分担机制。接下来，本节对于市民化成本的误区进行清楚的界定，为后续构建合理的市民化成本分担机制提供思路。具体而言，目前已有的研究对市民化成本的认识，主要存在以下两个误区：

其一，误把企业、个人需要承担的成本与政府需要承担的成本混为一谈，从而夸大了政府在推进市民化过程中面临的财政压力。实际上，市民化的成本并不是全部由政府承担。以住房公积金为例，住房公积金主要由两部分构成：一部分是由职工所在单位缴存，另一部分由职工个人缴存。职工个人缴存部分由单位代扣后，连同单位缴存部分一并存到住房公积金个人账户内。同样，医疗保险也是如此，市民化政策推行过程中，政府承担的医疗保险经费主要用于弥补农业转移人口与城镇职工医疗保险费用的缺口。除去个人需要负担的部分，实际上政府需要承担市民化成本远低于预先估计的市民化成本。

其二，误把连续性、远期支付的市民化成本与当期支付混为一谈，忽略了农业转移人口市民化的跨年度财政平衡能力。以义务教育为例，如果城镇现有的教学规模已经完全饱和，政府需要为农业转移人口随迁子女提供一笔新建教学设施的成本；如果城镇现有的教学规模、硬件设施等未饱和，那么农业转移人口的随迁子女的入学不需要完全增加额外的教学公共设施的负担，且随后生均教育的拨付都是按年度投入的。财政支出也仅需要填补流入地与流出地生均教育经费的缺口。同样，政府对农业转移人口的养老保险支出也是具有一定的时滞性。就目前而言，进城务工的农业转移人口大多以青壮年劳动力为主。他们不仅能改善城市的人口年龄结构，而且所缴纳的养老金还能弥补当期养老金支付的缺口。政府需要做的是提高养老保障金的统筹层次，解除农业转移人口在异地缴纳养老金的后顾之忧。

（三）合理的市民化成本分担机制

如何避开上述两点认识误区、采取合理有效的措施来构建农业转移人口市民化成本分担机制十分必要。因此，建议采取如下几种措施来合理分担市民化的成本：

首先，完善中央政府和地方政府之间的市民化成本分担机制。

上文对有关市民化成本测算的文献进行了回顾，同时对实现未来市民化目标的财政支出进行了简要的估算。巨额的成本导致地方政府丧失了推进市民化政策的动力，因此，明确中央政府与地方政府在市民化问题上的支出责任，对于提高地方政府在推进市民化政策上的积极性十分必要。具体而言，中央政府主要承担跨区域基础设施建设以及社会保险、教育医疗等需要全国统筹的公共服务部分，而地方政府则主要承担就业指导、健康卫生服务等地方性的公共服务部分。不仅如此，根据农业转移人口的流动性，中央政府主要承担跨省的农业转移人口的公共服务部分；省级政府主要承担省内跨市流动的农业转移人口的公共服务部分；市级政府主要承担市区内跨县（区）流动的农业转移人口的公共服务部分。将市民化的公共服务成本支出责任层层分摊，减少各级政府的财政压力。

其次，完善输入地和输出地市民化成本的分担机制。按照一般规律，农业转移人口从发展水平较低的农村地区、中西部地区流入到发展水平较高的城镇地区、东部沿海省份务工。人口的输出地与输入地之间的公共服务差距是为输入地带来公共服务财政压力的根本所在。针对这一问题，中央必须妥善协调与完善农业转移人口输入地和输出地的市民化成本分担机制。具体而言，以居住证登记为依托，加快推进国家人口基础信息库对于农业转移人口的信息采集。在此基础上，中央可以建立对于中西部地区人口红利的专项转移支付，用以弥补中西部地区由于人口流出的损失。提高社保的统筹层次，建立全国范围内的转保机制，同时建立财政专项转移支付，用于弥补输入地与输出地在社保上公共财政承担部分的差距。加大对人口输入地的财政转移支付，原则上不缩小人口输出地的财政转移支付。这样一来能有效地提高人口输出地的人均公共财政支出，为输出地预留发展空间，从而避免区域之间经济发展的进一步失衡。

最后，建立有关市民化政策的跨年度预算平衡机制。当前世界上 2/3 的国家已经建立和实施了财政的跨年度预算管理，认为跨年度预算管理能有效提高财政政策的前瞻性和可持续性。自 2015 年 1 月 1 日新的《预算法》出台以后，我国也进入了跨年度预算平衡机制的探索期，各个地方也出台了相应的政策予以支持。但是，由于目前仍处于由年度预算平衡到跨年度预算平衡的摸索阶段，所以面临着相关法律法规的约束性不强，导致地方政府颁布的预算编制出现过于形式化和"空心化"（李红霞、刘天琦，2016）等问题。因此，如果政府从某一项政策开始着手对跨年度预算平衡机制进行摸索，有利于积累经验，促进财政改革的全面推行。市民化政策的推进是一个长期的、持续的过程。在该过程中，政府对于农业转移人口的公共财政支出并不是一次性的，而是需要逐年支付、动态调整的。因此，在该过程中中央与地方承担的支出责任也是处于不断动态变化之中，这与跨年度预算管理体系十分契合。所以建立有关市民化政策的跨年度预算平衡机制，对于合理分担市民化成本机制设计具有十分重要的意义。

二　设计有效的地方政府激励机制

从本质上来说，市民化问题是财政问题，政府可以通过合理配置公共财政资源来有序推进农业转移人口市民化。但是在推行的过程中，由于市民化成本巨大、面临体制性约束等，导致市民化政策的主体——地方政府在推进市民化政策时动力不足。中央政府如何采取合理的财政激励措施来推进地方政府推行市民化政策？这是本节需要重点探讨的内容。

（一）市民化的体制性约束

除了受到财政能力因素制约以外，市民化政策的推进还受到了我国现有的体制性约束，也是导致地方政府在推行市民化意愿不足的关键所在。目前市民化面临的体制性约束主要有两个层面：第一个层面是地方政府官员的考核晋升机制；第二个层面是我国现有的财政分权体制。

地方政府官员的考核晋升机制是市民化体制性约束的一个重要方面。从上文分析可知，推行市民化政策的主体是地方政府，因为地方政府负责为当地的居民提供公共服务。在公共服务选择理论中，自从 Downs（1957）和 Niskansen（1975）将"经济人"假设引入地方政府行为的研究上，地方政府追求其自身利益最大化的假设前提，逐渐成为地方政府经济政策分析上的重要假设。由于地方政府官员的晋升不能通过市场途径来进行衡量，仅依赖上级来晋升，所以他们在做行为决策时会更多地考虑上级的偏好，地方政府官员被认为是自利的、具有晋升偏好的。鉴于地方政府的上述特征，地方政府在进行决策分析时会遵循成本收益法则，如果中央政府的政策有利于地方政府官员晋升时，地方政府将积极执行中央政府下达的政策；而当执行某些政策会使自身的利益受损时，地方政府会利用中央政府监督的高成本、信息不对称来采取消极的应对态度。从现有市民化政策的推行力度以及成效来看，地方政策在推行市民化政策过程中存在消极应对和犹豫观望的态度，主要原因体现在以下两个方面：

第一，当前政府的考评体系使地方政府官员更加倾向于短期经济行为。虽然从长期来看，农业转移人口对刺激当地的消费，提高产业竞争力以及优化人口结构都有着积极的影响，但是从短期来看，市民化过程中为农业转移人口提供公共服务的压力以及城市的环境资源问题等都是存在的。对于地方官员而言，由于受到资历、年龄等限制，为了满足其晋升的偏好，更倾向于尽可能在短期内做出更大的政绩。这就导致了地方官员注重短期的行为。

第二，长期以来，在政绩考核体系下，地方政府将大多数精力放在了相关的考评指标增长上，如 GDP 总量、财政收入、城镇化率、税收以及引进外商投资总额等，而对于指标之外的问题并不关注，甚至对于指标增量本身的质量也有所忽视。一直以来政府盲目追求城镇化的规模，导致快速城镇化发展的过程中，出现了许多重要的矛盾和问题，大量农业转移人口难以融入城镇地区，市民化进程滞后。地方政府在以发展为核心的考核体系下，必然更加重视与经济发展水平相关的指标。基于上述逻辑，地方政府对于推行市民化的热情不高，因而尽管中央政府一再强调积极推进市民化政策，但在地方收到的成效甚微。

与此同时，我国现行的财政分权体制，也是市民化的重要体制性约束之一。目前，我国的财政体制无论是收入和支出的责任划分，还是转移支付的设计，都是以管辖区的户籍人口为基础的，假定人口不流动。在这种体制框架下，各地政府按照户籍人口来提供公共服务。但是，人口的大规模流动以及市民化的政策目标改变了这一前提。由于城乡之间、区域之间的发展不平衡，不同地区之间对于户籍人口提供的公共服务水平也不同。大规模的农业转移人口从贫瘠的农村流动到城市，从发展相对落后的中西部地区流动到东部地区，流入地与流出地的公共服务之间本身就存在巨大的差距。对于流入地而言，填补两者之间公共服务差距的沟壑需要巨大的财政支持，因此流入地的城市政府不愿意开放户籍，为农业转移人口提供与当地居民均等的公共服务。简言之，推进市民化受阻主要由于城市政府财权与公共服务事权的不对称，缺乏稳定的随人口增加而增长的财政资金筹集渠道。

除此之外，在现行的财政分权体制下，政府的财政收入与经济发展的程度直接挂钩，与地方人均 GDP 高度相关。因此，为了追求财政收入的快速增长，政府把更多的精力以及资金投注到了与 GDP 密切相关的产业或者能产生直接效用的交通、通信等基础设施的建设方面，而不愿意将财政资金投入关系社会公平以及民生保障的其他方面。

（二）财政激励机制设计的原则

在委托—代理理论框架下，中央政府和地方政府之间实质上是一种委托—代理关系。推进农业转移人口市民化的问题，本质上是中央政府与地方政府的一场博弈。中央政府如何采取有效的激励手段和机制，引导地方政府配合执行中央的决策，十分关键。在推进市民化问题中，中央政府是委托人，地方政府是代理人，两者之间构成委托与代理关系。其中，中央政府是风险中性的。中央政府的目标是实现全社会总福利最大化，而地方政府追求的是地方利益最大化。

就推进农业转移人口市民化问题，中央在对地方政府财政分权的过程中，为了有效避免地方政府的道德风险问题，除了采取必要的监督手段以外，还应采用合理的激励手段对地方政府进行激励。因此，中央对地方政府的激励体制设计应注意以下几点原则：

其一，建立在地方政府推进市民化的成效基础上。中央需建立一套有效的市民化政策绩效考核体系，来作为市民化政策效果的评估标准。对于推进市民化政策效果越明显的地方，中央给予更多的激励，比如增加财政专项拨款、调整税基和税率、给予更多决策权等。相反，对于市民化政策效果不突出的地方，中央应给予更少的激励。

其二，考虑不同城市的初始财政规模。地方政府的初始财政规模决定了其市民化能力的大小。对于初始财政规模较大的城市，推进市民化政策的能力本身就大，采取激励措施的目的是提高这些地区推进市民化政策的意愿；而对于初始财政规模较小的城市，推进市民化政策的能力较弱，采取激励措施的目的既要提高这些地区本身的市民化能力，也要激发他们推进市民化的潜在意愿。因此，针对不同初始财政规模的城市，中央给予激励的侧重点不同。对于财政规模较大的富裕地区，中央可以减少直接拨款等类型的激励手段，而采取给予执行政策过程时较大的灵活性等为这些地区推进市民化提供更加宽松的环境，有助于这些地方根据本身的条件采取更加适合自己的市民化政策。对于财政规模较小的贫困地区，中央应采取直接增加专项拨款、调整税基和税率等方式，增加这些地区的财政收入，扩大它们的财政规模，从而激发出它们潜在的推行市民化政策的意愿。

其三，区分地方政府推进市民化的积极程度。地方推进市民化政策是否积极是一个相对而言主观的概念，如何评估地方政府的积极性，中央政府需要建立一套合理的评估标准。评估结果显示，地方政府积极执行中央政府的决策，那么中央政府应加强对地方政府的激励，显示地方政府消极执行中央的决策时，中央政府需减弱对地方政府的激励。

这一套激励机制的设计原则体现了中央政府对地方政府的监督和激励，将市民化的效果和预期的目标进行比较，并以此作为市民化的成效来对地方政府进行转移支付。市民化效果越突出的地方，获得的中央转移支付越多。当然，还要考虑地方财政规模的动态变化情况，随时调整对地方政府的激励手段以及强弱。如果随着经济的发展，地方政府的财政规模不断扩大，但是仍然维持原有的市民化水平不变，那么说明该地方政府缺乏市民化意愿，中央应减少对该地方的转移支付。相反，如果地方财政规模扩大，市民化水平也有所扩大，中央可以维持原有的激励水平不变，或者酌情提高对该地方的转移支付。

（三）财政激励机制设计的影响因素

在明确市民化问题上，中央对地方政府的财政激励原则之后，本节进一步探索影响激励体制设计的因素。一般而言，中央对地方的激励方式主要包括对地方进行转移支付和激励地方政府官员的职位晋升。所以，影响中央对地方政府激励体制设计的因素也主要从以下两个方面着手分析。

第一，市民化程度的考核标准的设立。就市民化专项问题上，中央对地方政府进行转移支付，主要参照一系列的市民化政策推进考核标准。中央在激励体制设计之前希望考评的标准可以尽量客观一些，考核标准越客观，对地方政府在推进市民化问题上的努力水平评估得更为准确，激励的机制越强。由于推行市民化政策是一个长期的过程，短期内很难见到成效，而在过去的业绩中包含着有用的信息，所以，以过去的业绩作为评价标准，有助于建立更加合理客观的评价标准。如果一味地采取参照当前的业绩作为考核的标准，地方政府有可能与其所下属的各级地方政府达成利益同盟，瞒报基数和市民化推进情况，或者把某些非市民化成本上报为市民化成本，以此来套取来自中央的各种补贴和奖励。

第二，地方政府官员政绩考核机制。目前，我国地方政府官员的任期一般是三年到五年，而推进市民化的政策成效很难在短期内体现。因此，这两者之间形成了一个矛盾。如何激励官员在短暂的任期内积极推进市民化政策，也是当前影响机制设计的一个关键问题。如果将市民化成效作为地方政府官员是否晋升的一项重要考核标准，且滚动性地参照其过去五年到十年内市民化的成绩，无论该成效是否是在当前任期内做出的，这将有利于地方政府官员积极长期地推进市民化政策。因为，从长期来看，地方政府官员必须努力工作，以提高未来晋升的可能性。中央政府如果采取这种办法，不仅可以有效地降低监督成本，而且还能取得更好的激励效果。

（四）财政激励机制设计的内容

就推进农业转移人口市民化问题，中央政府对地方政府的财政机制设计的核心内容是设计两者之间的最优分权的激励。当前，我国采取的是中央政府与地方政府的分权财政体制，有可能出现财权与事权不匹配的问题。为了提高农业转移人口市民化政策的推进效率，中央政府和地方政府需合理进行财政分权，以便能在市民化政策推行过程中两者各司其职。

对地方政府进行合理分权主要指明确地方政府在提供公共物品上的责任与范围，同时也承认和尊重地方政府的权力与利益。财政分权指给予地方政府一定的税收权力和支出责任范围，并允许地方政府自主决定其预算支出规模与结构，其精髓在于使地方政府拥有合适与合意的财政自主权进行决策。

这样一来，中央与地方政府的分权程度对推进市民化政策具有重要的影响。如果地方政府在与中央的分权中系数越大，那么分权程度越高，也就是说地方政府在推进市民化政策中承担更多责任，同时在提供公共服务方面也拥有更多的自主权和决策权。在具体的执行层面上，地方政府也更多地可以根据实际情况制订具体的实施方案，自行管理，接受较少的中央政府的监督等。相反，如果分权系数越小，那么中央政府应该承担更多的责任，掌握更多的决策权，加强对地方政府的监督等。

政府在推进农业转移人口市民化的过程中，公共产品由中央政府和地方政府共同提供，其资金来源也为中央与地方的财政支出。所以，我们可以把中央与地方政府在推进市民化政策过程中对于公共产品的财政支出作为投入要素。当公共产品投入一定时，如果中央与地方政府之间的财政分权越合理，市民化政策的成效越大。如何寻找最优的财政分权系数，是一个最为关键的问题。在实际操作过程中，可以通过市民化政策对于公共产品的要求、市民化指标、财政收入等指标建立适当的模型来估计最优的财政分权系数。计算地方政府占政府为推进市民化的总财政支出比例，与最优的财政分权系数进行比较来调整中央与地方政府之间的配置，根据两者之间的相对大小，决定中央政府应当分权还是收回某些权力。此外，最优财政分权系数也是处于不断的动态变化之中的，因为分权系数受到了财政支出对公共产品产出的贡献大小的影响。当地方政府的财政支出对市民化政策的公共产品提供的贡献增加时，最优的财政分权系数应该提高；反之，最优财政分权系数应该降低。同样，当中央政府的财政支出对市民化政策的公共产品提供的贡献增加时，最优的财政分权系数应该降低；反之，最优财政分权系数应该提高。

除了财政分权激励机制的设计以外，在推进市民化政策问题上，中央政府对地方政府财政转移支付的奖惩机制的设计也非常重要。由于推进市民化政策的主体是地方政府，地方政府获得的信息比中央占优，在这种情况下，中央将地方经济发展的事务主要交由地方政府处理，这种事权关系形成了委托—代理关系。在这种关系中，地方政府行动出发点是本地区期望效应的最大化，而不是全国期望效应的最大化。因此，利用财政转移支付对地区之间进行分配，根据地方财政预算的执行情况来建立财政转移机制的奖惩机制十分必要。更多地掌握地方事务信息，不仅有利于中央对地方政府进行更好地监督，而且有利于资源合理地在各级政府之间最优化使用。为了解决地方政府不愿意主动推进市民化的问题，可以根据实际情况设计一个推进市民化的奖惩系数，从而改进与优化现有的中央对地方财政的转移支付。

就推进市民化政策问题，设计转移制度奖惩系数的思路如下：中央政府每年向地方政府下达市民化任务指令。中央政府下达的市民化任务数对地方政府的具体决策有很大影响，因此，中央政府下达任务前，需要对地方的财政能力有一个预估，在财政能力确定的基础上，如果中央下达的任务数过多，地方政府可能无法完成任务，受惩罚的可能性高，但是如果下达的任务数过少，地方政府受奖励的可能性也更高。解决该问题的一个有效办法是，地方政府可以根据中央政府下达的市民化任务，编制本地区当年的财政预算，如果财政预算与中央政府下达的市民化任务所需要花费的财政支出之间存在资金缺口，地方政府可以向中央政府汇报，中央政府根据该缺口确定转移支付。截至每年年末，地方政府需要向中央汇报当年的市民化成效以及年初下达的市民化任务完成情况，如果预期值与实际值之间相差较大，则中央政府在进行转移支付中应该给予地方政府一定的惩罚金额；相反，应给予一定的奖励金额。其中，具体的奖惩系数就是我们所定义的财政转移支付的奖惩系数。

（五）财政激励机制实现的途径

财政激励机制的设计内容后，中央政府需要采取如下几条途径来实现该激励机制：

其一，税收调整。一般而言，为了促进某项政策的推进，中央政府可以授予地方政府调整税收和税率的权力，增加税收的返还额度，减少对地方政府的监督力度。因此，对于市民化重点群体，可以采取一系列的税收优惠政策。

其二，预算控制。中央政府可以利用公共产品提供的总量来对地方政府的支出预算进行控制，同时对地方政府市民化政策的推进情况进行监督。地方政府在推进市民化政策上的预算，可以作为监督地方政府行为以及考核绩效的有效依据。对地方政府推进市民化政策提供公共产品的预算进行有效控制，既能有效保证地方推进市民化政策的积极性，又能防止地方政府在推进市民化政策过程中出现不作为的行为。

其三，事权变动。正确界定中央政府与地方政府在推进市民化政策上的职能，从而划分中央财政与地方财政的支出责任，是市民化激励机制的有效途径之一。在市民化问题上，明确全国性一般的公共产品由中央政府供应，而具有效应外溢性的地方公共产品由地方政府来供应。与此同时，中央政府可以根据效应外溢状况对地方政府给予适当调配。

其四，转移支付。在市民化政策推行过程中，地方政府面临着巨大的财政压力，中央政府可以采用转移支付的工具来对地方政府给予补偿。但是，在具体的操作之前，中央政府需要确定一个恰当的成本补偿原则，按照地方政府推进市民化政府所花费的成本来进行合理补偿。当然，可能由于存在信息的不对称问题，导致中央政府面临着来自地方政府的道德风险问题，中央政府就需要设立一个市民化政策的财政激励奖惩制度，但转移支付手段仍是激励机制设计的重要途径。

虽然上述的四种途径各有利弊，但是从预期的激励效果来看，应该首推增加转移支付方式，通过增加市民化专项拨款来保障政策的有效实施。因为前三种方式需要花费的时间周期长，而且往往需要中央政府来进行主导，主动权在中央。而最后一种方式不同，只要地方政府仅仅推进市民化政策，积极申请获得专项拨款，就有可能获得中央的转移支付，主动权在地方。

第三节　市民化的路径选择："因人施策"与"因地制宜"

农业转移人口市民化是一个系统性问题，市民化的过程也是一个"有序推进"的动态渐进过程。考虑到当前农业转移人口规模大、市民化面临障碍多等现实问题，而且对于不同类型的农业转移人口，自身偏好不同，对于公共服务的需求、实现市民化的难度也不同，因此实现市民化的目标、路径和措施也将具有较大差异。为此，需要分层次、分类型、多途径地推进农业转移人口市民化进程。与此同时，特大城市、大城市、中等城市、建制镇和小城市在经济和社会发展水平上的"空间差异"也要求市民化必然将实行分类型、差别化的推进策略。因此，本节主要从农业转移人口的不同类型、城市规模及等级和政策内容出发，根据不同的分类标准制定差异化的市民化路径。

一 按不同的农业转移人口推行市民化政策

不同类型的农业转移人口，市民化的意愿不同，市民化的路径也不同。根据农业转移人口的流动程度大小，可以将其划分成三类群体：第一类在城市有固定住所、工作单位，且收入相对稳定。这类农业转移人口的生活方式已经基本上与城市居民没有差异，基本上融入了城市；第二类是常年在城市打工，但又具有一定流动性（春节返乡）的农业转移人口，他们在城市具有相对稳定的职业和收入；第三类是间歇性或者季节性在城市务工的农业转移人口，他们仍然以务农为主，农闲时务工。

根据这三类农业转移人口的不同特征，可以采取不同的市民化策略。第一类农业转移人口大多数是举家外迁，市民化的意愿和能力比较强，政策可以优先解决其子女的入学问题，鼓励其落户；第二类农业转移人口的市民化意愿也较强，但是能力相对不足，政策的重点是优先解决其住房问题，组织就业培训，提高其人力资本水平；第三类农业转移人口的市民化意愿较为薄弱，政策的重点是鼓励其外出务工就业并保障其在城市的基本权益。

按照年龄的划分，出生较早、进城务工较早的农业转移人口被认为是第一代农民工，而近期进城的年轻农业转移人口被称为新生代农民工。新生代农民工与第一代农民工在职业价值观、社会认同感以及就业发展能力方面存在显著的差异（陈藻，2011）。新生代农民工在进行就业选择的时候更少地关注是否离家近，中国农民的"安土重迁"的意识在变得单薄，他们更多地考虑未来的发展，以及就业的公平、平等性。在社会认同感上，一方面，新生代农民工成长在父辈社会分配不均以及身份歧视的阴影下，对于社会的公平、权益的诉求具有极大的渴望，迫切希望能融入城市社会；另一方面，新生代农民工可能在城镇化以及农村的土地改革中成为"无地的农民工"，他们既不懂农业的生产，也无法回到农村，处于十分尴尬的境地。在就业发展能力上，由于新生代农民工相对年轻，普遍接受过义务教育，可塑性以及人力资本水平普遍高于第一代农民工。在获得工作能力、维持工作能力甚至发展工作的能力上都强于第一代农民工。

针对新生代农民工与第一代农民工的个人特点，以及利益诉求的不同，可以对两个群体选择不同的市民化路径。在不断完善城镇就业市场上的公平公正机制的前提下，加强对新生代农民工的人力资本培养。较第一代农民工，新生代农民工的市民化意愿更强，其市民化的能力也更强。加强对他们的人力资本投入，如加大职业教育投入、就业技能培训等，提高他们的非农工作技能水平，给他们创造更多机会进入更高的职业阶层，鼓励他们凭借自身的努力完成使命。再者，新一代农民工除了关注就业以外，更多地关注随迁子女的学前教育问题。鼓励引进民办教育机构，落实好"流入地为主，普惠性幼儿园为主"的政策对新生代农民工也十分重要。对于第一代农民工，由于本身的人力资本水平较低，也失去了年龄优势，市民化能力较弱，应该更多地关注他们的医疗养老问题。这部分农业转移人口将自身的青春贡献给了城市的发展，但是由于早期制度不健全，他们不但难以在城市安定下来，甚至连基本的医疗养老问题都难以得到保障。因此，政府在推进市民化政策的过程中，应该更多地关注老一辈农民工的医疗养老公共服务问题。

按照流动范围的划分，可以分为跨省流动的农业转移人口和省内流动的农业转移人口。近年来，随着区域经济布局的不断调整，我国农业转移人口的就业布局也发生了重要的变化，主要表现为选在省内就业的农业转移人口比重大幅上升。其中，本地农民工比例从 2009 年的 36.5% 上升到了 2018 年的 56%[①]，上升了大约 20 个百分点。因此，省内就近市民化的问题引起了关注。对于跨省流动的农业转移人口和省内流动的农业转移人口，可以选择不同的市民化路径。

由于我国幅员辽阔，区域之间的发展不平衡，省份之间的经济发展水平相差较大。在推进农业转移人口市民化的过程中，最主要解决的是公共服务不均等问题。大多数跨省农业转移人口是从经济相对落后的省份转移到经济相对发达的省份，省份之间居民的公共服务水平差异巨大，给流入地政府的公共财政造成了较大的压力。因此，对于跨省流动的农业转移人口鼓励其返乡创业和落户定居。尊重农业转移人口自身的流动意愿，对于不愿意返乡的跨省农业转移人口，流入地政府应以保障其就业的基本权利，随迁子女的义务教育等最基本的公共服务为先，逐步缩小其与本地城镇居民的基本公共服务的差距。对于省内迁移的农业转移人口，引导其就近转移就业，在省内就近市民化，通过加快产业布局调整，使新增加的农业转移人口能在当地充分就业、落户定居，完成市民化。与此同时，通过农村土地改革、产权调整等方式，按照城镇的标准将新型农村的社区作为新的城镇单元，引导农业转移人口就地实现市民化。

二 按地区等级分地区推行市民化政策

在中国当前的体制背景下，户籍改革是推进市民化进程中最重要的方面。根据国务院 2014 年印发的《国务院关于进一步推进户籍制度改革的意见》（以下简称《意见》）提出"全面放开建制镇和小城市落户限制，有序放开中等城市的落户限制，合理确定大城市落户条件，严格控制特大城市人口规模"，给出了当前户籍制度

---

① 资料来源：2009 年、2018 年农民工监测调查数据。

改革的方向标。

小城市（镇）农业转移人口市民化以"扩大户籍"为主。《意见》指出全面放开建制镇和小城市落户限制。入户的基本条件降低到在县级市市区、县人民政府驻地镇以及其他建制镇有稳定的生活来源以及合法住所（含租赁）的人员，本人及其配偶，未成年子女、父母等，都可以申请当地的常住户籍。由于小城市（镇）的户籍以及基本全面放开，所以在这些地区务工的农业转移人口可以本着自愿的原则落户到城市（镇）。

大中等城市农业转移人口市民化主要采取"降低公共服务差异"以及"扩大户籍"并行的政策。《意见》指出合理确定大城市落户条件。在小城市（镇）落户条件的基础上加入参加城镇社会保险的条件。不同规模的大中城市，农业转移人口缴纳社会保险入户的年限不同，但是对参加城镇社会保险年限的要求不得超过5年。实际上，对于大中城市，在放宽申请条件，大幅度降低城市落户门槛的同时，还应该促进市行政辖区城乡公共服务的均等化。对于目前还没有条件全面放开户籍制度的城市，可根据城市的发展状况、承载能力以及农业转移人口在城市工作的稳定性适当给予享有的福利和待遇。随着城市经济发展水平的提高，逐步缩小农业转移人口与本地市民之间的差距。

对于城区500万人口以上的特大城市，建立完善积分落户政策。根据城市的承载能力以及经济发展程度，建立合理的积分落户制度。落户积分涵盖是否在城市具有合法稳定就业、参加城镇社会保险年限、连续居住年限等指标，合理设立各项指标的积分值。在对城市总人口进行总量控制的基础上，秉承公开透明、公平公正、有序办理的原则，对于达到规定积分的农业转移人口或其他流动人口及其共同居住的配偶、未成年子女、父母等，可以在当地申请常住户口。

除了按照城市人口规模划分等级以外，城市所在的区位也是市民化路径选择过程中不可忽略的因素。随着我国当前区域经济布局的调整，农业转移人口的就业布局也发生了一定的变化：仍以东部地区为主，但是中西部地区的比重开始上升。其主要原因是越来越多的中西部农业转移人口开始选择在省内的城镇务工。针对上述的现实状况，需要对东部省份和中西部省份设计相适应的市民化路径。

大部分东部发达城市都属于人口规模较大的城市，经济发展水平高，农业转移人口集中，考虑到城市的综合承载能力以及经济社会发展的需要，对于农业转移人口的规模需要加以控制。但是，对于农业转移人口的规模加以控制并不意味着将他们完全排除在城市的公共服务体系之外，而是有序地引导他们落户到大城市、特大城市周边的城区或中小城市。既能缓解大城市的公共服务压力，又能带动大城市周边的中小城市发展，实现更多的农业转移人口市民化目标。与此同时，完善大城市的积分落户制度，让更多的低技能农业转移人口能通过合理的途径落户城市。目前大城市的积分落户制度仍然是以个人的人力资本水平、投资水平等为根据的，有意将大规模低技能、低收入的农业转移人口排除在外，仅仅将短期内对城市经济发展有益的个体纳入了该目标体系内。这是违背社会公平和平等的，长此以往，将会威胁到城市社会的和谐与稳定。

中西部地区经济发展相对落后，引导农业转移人口市民化政策的前提除了响应国家的政策全面放开户籍以外，对城市进行产业结构调整，增长城市经济发展的内生动力来吸引更多的农业转移人口就业十分关键。借鉴东部地区城市发展的经验，构建地区层级式的城市体系，引导农业转移人口分层梯度转移就业和市民化十分必要。以省会城市等经济相对发达的城市作为核心支撑，辐射周边的中小城镇以及农村新型社区，建立城市的"层级化"城市体系，引导农业转移人口分层转移。注重对核心节点城市进行产业结构升级，吸引人才聚集，发挥核心城市的辐射作用和带动作用；对于周边区位优势明显、资源环境承载力较强的中小城市，发挥其优势特色，注重发展文化旅游、资源加工等特色产业。增强城市之间交通的连通性，推进大城市中心公共服务功能向周边中小城镇的延伸性，采用综合交通网络和信息网络将大城市和中小城市连通起来。提供便捷的交通服务，吸引更多的农业转移人口。

三 按不同公共服务项目推进市民化政策

一是切实保障农业转移人口随迁子女受教育权利。不断完善和充分利用全国统一的学籍管理系统，全面实施按照生均教育经费进行教育财政拨款，确保随迁子女与城镇居民子女享有平等的公共教育资源。在超大城市和义务教育承载力短缺的城市，鼓励引进民办教育机构，分散公共教育承办压力。落实好"流入地为主，普惠性幼儿园为主"的政策，解决农业转移人口随迁子女接受学前教育的问题。增加对于农业转移人口随迁子女中等职业教育的补助，提高随迁子女的人力资本水平。落实异地高考制度，特别是完善大城市的异地高考政策。

二是构建过渡性农业转移人口社会保障制度。提高社会保障制度的统筹层次，推进农业转移人口社会保障技术和管理上的创新，加快解决农业转移人口"续保难"的问题，实现农业转移人口保险关系随本人转移。提高养老保险的统筹层次，实现养老保险的全国统筹，完善养老保险制度，将养老金分为基础养老和个人账户养老。对于其中的基础养老部分由中央管理和统筹基金进行支付，而个人账户部分，交由地方政府管理，随本人转移，由本人缴存。

三是加强农业转移人口公共卫生和医疗服务。合理配置医疗卫生服务资源，提高农业转移人口公共卫生和医疗服务的覆盖率。健全全国的医疗保险系统，推行新农合"一卡通"的试点工作，方便农业转移人口在异地就医时的结算。与此同时，鼓励农业转移人口参保城镇职工医疗保险，提高职工医疗保险的统筹层次，解决农业转移人口异地看病困难的问题。鼓励各地区积极开展通过商业保险公司结报、人口输入地与输出地签订协议等方式为农业转移人口开展即时结报工作。适当提高农业转移人口异地就诊报销比例，为农业转移人口减轻负担。对于农业转移人口相对密集的地区，增设社区卫生服务机构。将农业转移人口及其随迁家属纳入社区卫生服务机构的范围，根据实际需要服务的人口数来合理配置卫生技术人员，确保农业转移人口及时享受到基本的医疗卫生服务。

四是将农业转移人口纳入住房制度改革体系。结合当前积极的财政政策，调整财政支出结构，将一部分财政支出转移到农业转移人口的安居方面来，按照农业转移人口市民化意愿的强弱以及迫切程度，分期分批次纳入城镇住房保障体系。在制度和计划上合理确定农业转移人口的住房安排，主要考虑以下几个方面：其一，大力建设廉租房。各地政府的廉租房政府，不仅针对当地的城镇居民，还应该设置一定的比例留给在城镇有相对稳定工作的农业转移人口。可以通过采取补贴业主的方式，将一部分居民个人出租的房屋转化为廉租房；其二，根据上海和宁波的经验，在农业转移人口集中的区域建造社会学的"民工公寓"和企业的"员工之家"，再以廉租房或者经济适用房的方式租给或卖给农业转移人口；三是推进农业转移人口的住房公积金制度，将取得城市户籍的农业转移人口尽快纳入住房公积金的保障范围内，提高农业转移人口市民化的积极性。

五是加强对农业转移人口的职业技能培训。对农业转移人口加强职业培训和教育，提高他们的人力资本水平。完善农业转移人口就业培训的补贴政策，对参加培训的农业转移人口采用折扣或者"培训券"等方式给予一定的补贴。支出单位建立稳定的人才培训计划，将农业转移人口的工作技能培训任务落实到各个具体的部门和用人单位。对于不履行培训义务的单位，应该给予一定的处罚。充分发挥各类教育和培训机构的作用，大力发展面向农村的职业教育，支持各类职业技术院校扩大农村的招生规模，鼓励农村毕业生接受正规的职业技术教育。

四　维护进城落户农业转移人口在农村的基本权益

2016 年 7 月，财政部颁发了《国务院关于实施支持农业转移人口市民化若干财政政策通知》明确指出"维护进城落户农民土地承包权、宅基地使用权、集体收益分配权"。过去，不少地方将农业转移人口在农村基本权益作为其落户城镇的代价，对于农业转移人口而言，即使落户到一般的中小城市享受到了当地城市市民的公共服务待遇，也依旧处于城镇劳动力市场的底端，难以支付城市生活的成本。相反，如果他们辗转于城市与农村之间，既能获得在农村务农的收入，保留农村的宅基地权，又能在农闲时进城参加非农工作而获得工资性收入。因此，对于这部分农业转移人口而言，农村的土地以及相关权益是他们的保障，也是他们自身市民化意愿不强的根本原因所在。在推进农业转移人口市民化的过程中，要充分尊重农业转移人口个人的市民化意愿，不采取硬性措施或"一刀切"的要求，保障进城落户的农业转移人口在农村的相关权益，如保留宅基地使用权、土地承包权以及集体收益分配权等。

在保障进城落户农业转移人口的相关权益的同时，还需要健全农村产权流转交易市场，完善土地退出补偿和流转机制。农村土地的退出以及流转是农业转移人口落户城市的前提条件，土地的处理方式直接影响到了农业转移人口的落户意愿。一方面，通过合理评估土地的价值，建立科学的土地补偿机制，充分保障退出土地农民的经济利益。建立多元化的补偿机制，采取实物补贴与现金补贴相结合的方式。另一方面，鼓励采取创新的方式进行土地流转。比如，农民的土地权益既可以产权的形式进行交易，也可以在金融机构进行抵押，在将土地资本化的同时，实现土地资源的优化配置。在土地的退出以及流转机制设计的过程中充分尊重农业转移人口自身的意愿，采取鼓励以及引导的方式逐步推进。

第四节　本章小结

本章的主要内容是针对农业转移人口市民化的路径提出相关政策建议。首先，对上文提到的有关市民化现状的客观事实进行总结，为市民化的路径选择提供现实指导；其次，分析市民化问题的内在逻辑，从更为深层次的角度剖析市民化问题的本质；再次，从体制层面来发现市民化政策面临的约束，并提出相应的保障机制；最后，在市民化的客观现实、内在逻辑以及体制保障的基础上，提出了合理的市民化路径。主要得到以下几点结论：

第一，当前我国农业转移人口市民化仍存在许多客观的现实问题。主要表现在户籍城镇化率严重落后于常住人口城镇化率，大城市落户条件严苛；农业转移人口享有的公共服务不均等；农业转移人口与城镇居民在就业机会以及工资上存在较大差距；农业转移人口的城市社会融入状况不理想等。

第二，农业转移人口市民化问题本质上是一个财政问题。农业转移人口实现市民化的过程实质上是与城镇居民在公共服务上趋于均等化的过程，该过程中政府需要付出巨大的财力，来支持农业转移人口在教育、医疗以及养老等其他公共服务上与城镇居民之间的差距不断缩小，直至消失。

第三，从财政视角来看，实施市民化的主体——地方政府面临着财政能力层面以及体制层面的双重约束，构成了推进市民化进程受阻的深层次原因。政府可以采取合理分担市民化成本机制以及有效地激励地方政府的手段来推进市民化政策。具体来说，一方面认清市民化成本分担误区，明确中央政府和地方政府、流入地政府与流出地政府在市民化问题上的支出责任，建立市民化专项支付的财政跨年度预算平衡机制；另一方面，在考虑到市民化问题上，中央和地方政府构成了委托—代理人关系，建议中央政府采取税收调整、控制预算、事权变动、转移支付等措施来激励地方政府实施市民化政策。同时，通过采用政治激励和经济优惠政策等手段来确保激励政策的有效实施。

第四，考虑到当前农业转移人口规模大、市民化面临障碍多等现实问题，本节建议采取分层次、分类型、多途径来选择不同的路径来推进农业转移人口市民化，确立了以"因地制宜"与"因人施策"为核心的市民化路径。具体而言，对于不同市民化意愿、不同年龄结构以及不同流动范围的农业转移人口采取差异化的市民化路径；对于不同人口规模、不同地理位置的城市也采取分类型、差别化的推进策略。此外，针对农业转移人口的公共服务不均等以及进城落户农业转移人口在农村相关权益的保障等问题，也提出了相应的建议。

参考文献

一　中文文献

安虎森等：《城市高房价和户籍制度：促进或抑制城乡收入差距扩大？——中国劳动力流动和收入差距扩大悖论的一个解释》，《世界经济文汇》2011 年第 4 期。

安体富、任强：《公共服务均等化：理论、问题与对策》，《财贸经济》2007 年第 8 期。

常修泽：《逐步实现基本公共服务均等化》，《人民日报》2007 年 1 月 31 日第 9 版。

陈映芳：《征地农民的市民化——上海市的调查》，《华东师范大学学报》（哲学社会科学版）2003 年第 3 期。

陈昌盛：《基本公共服务均等化：中国行动路线图》，《财会研究》2008 年第 2 期。

陈珣、徐舒：《农业转移人口与城镇职工的工资差距及动态同化》，《经济研究》2014 年第 10 期。

陈藻：《我国农民工就业代际差异研究——以成都市为例》，《人口学刊》2011 年第 2 期。

程亮、郭剑雄：《农业转移人口的市民化问题探微》，《中北大学学报》（社会科学版）2005 年第 1 期。

程名望、华汉阳：《购买社会保险能提高农民工主观幸福感吗？——基于上海市 2942 个农民工生活满意度的实证分析》，《中国农村经济》2020 年第 2 期。

邓曲恒：《城镇居民与流动人口的收入差异——基于 Oaxaca -

Blinder 和 Quantile 方法的分解》，《中国人口科学》2007 年第 2 期。

丁萌萌、徐滇庆：《城镇化进程中农业转移人口市民化的成本测算》，《经济学动态》2014 年第 2 期。

丁元竹：《基本公共服务均等化：战略与对策》，《中共宁波市委党校学报》2008 年第 4 期。

樊纲、郑鑫：《"农业转移人口早退"与新型城镇化——基于刘易斯模型对中国当前一些经济问题及对策的系统分析》，《劳动经济研究》2014 年第 3 期。

付小鹏等：《市民化让农业转移人口更幸福吗?》，《人口与经济》2019 年第 6 期。

龚文海：《农业转移人口医疗保险：模式比较与制度创新——基于 11 个城市的政策考察》，《人口研究》2009 年第 4 期。

郭东杰：《新中国 70 年：户籍制度变迁、人口流动与城乡一体化》，《浙江社会科学》2019 年第 10 期。

郭剑雄：《人力资本、生育率与城乡收入差距的收敛》，《中国社会科学》2015 年第 3 期。

国务院发展研究中心：《"促进城乡统筹发展，加快农业转移人口市民化进程研究"课题组，侯云春，韩俊，蒋省三，金三林：《农业转移人口的八大利益诉求》，《发展研究》2011 年第 11 期。

郭继强等：《工资差异分解方法述评》，《经济学（季刊）》2011 年第 2 期。

侯云春：《推进城市化是东西部合作着力点》，《西部大开发》2010 年第 5 期。

黄泰岩、张培丽：《改变二元结构，实现城乡发展一元化》，《前线》2004 年第 5 期。

贾康：《公共服务的均等化应积极推进，但不能急于求成》，《审计与理财》2007 年第 8 期。

金三林：《扎根城市之路——农业转移人口就近市民化的路劲与政策研究》，中国发展出版社 2015 年版。

刘俊贵、王鑫鑫：《农业转移人口随迁子女义务教育经费保障问题及对策研究》，《教育研究》2013 年第 9 期。

刘海军、谢飞燕：《推进我国农业转移人口市民化对策探析》，《农业经济》2013 年第 6 期。

李红霞、刘天琦：《建立我国跨年度预算平衡机制的深层次思考》，《当代财经》2016 年第 9 期。

李树、陈刚：《幸福的就业效应——对幸福感、就业和隐性再就业的经验研究》，《经济研究》2015 年第 3 期。

陆益龙：《1949 年后的中国户籍制度：结构与变迁》，《北京大学学报》（哲学社会科学版）2002 年第 2 期。

吕炜：《转轨经济研究思路的评述、反思与创新》，《财经问题研究》2004 年第 2 期。

吕炜、高飞：《城镇化、市民化与城乡收入差距——双重二元结构下市民化措施的比较与选择》，《财贸经济》2013 年第 12 期。

吕炜、王伟同：《发展失衡、公共服务与政府责任——基于政府偏好和政府效率视角的分析》，《中国社会科学》2008 年第 4 期。

吕炜、王伟同：《政府服务性支出缘何不足？——基于服务性支出体制性障碍的研究》，《经济社会体制比较》2010 年第 1 期。

吕炜等：《我国农业转移人口市民化政策对城乡收入差距影响的实证研究——基于 CGE 模型的模拟分析》，《管理世界》2015 年第 7 期。

吕炜、谢佳慧：《农业转移人口市民化：重新认知与理论思辨》，《财经问题研究》2015 年第 11 期。

吕炜等：《城乡收入差距、城乡教育不平等与政府教育投入》，《经济社会体制比较》2015 年第 3 期。

林宝：《中国农业转移人口养老保险：历史路径与前景展望》，《工会信息》2016 年第 8 期。

刘传江、程建林：《双重"户籍墙"对农业转移人口市民化的影响》，《经济学家》2009 年第 10 期。

马晓河、胡拥军：《一亿农业转移人口市民化的难题研究》，《农业经济问题》2018 年第 4 期。

秦立建、陈波：《医疗保险对农业转移人口城市融入的影响分析》，《管理世界》2014 年第 10 期。

宋扬：《户籍制度改革的成本收益研究——基于劳动力市场模型的模拟分析》，《经济学（季刊）》2019 年第 3 期。

孙婧芳：《基本公共服务对农业转移人口市民化的影响——基于义务教育和社会保险的实证分析》，《经济与管理评论》2016 年第 2 期。

孙婧芳：《城市劳动力市场中户籍歧视的变化：农民工的就业与工资》，《经济研究》2017 年第 8 期。

孙三百等：《城市规模、幸福感与移民空间优化》，《经济研究》2014 年第 1 期。

万海远、李实：《户籍歧视对城乡收入差距的影响》，《经济研究》2013 年第 9 期。

万川：《当代中国户籍制度改革的回顾与思考》，《中国人口科学》1999 年第 1 期。

魏后凯、苏红键：《中国农业转移人口市民化进程研究》，《中国人口科学》2013 年第 5 期。

王美艳：《城市劳动力市场上的就业机会与工资差异——外来劳动力就业与报酬研究》，《中国社会科学》2005 年第 5 期。

王友华、周绍宾：《不同农业转移人口群体医疗保障比较研究》，《西部论坛》2012 年第 2 期。

王美艳：《城市劳动力市场上的就业机会与工资差异——外来劳动力就业与报酬研究》，《中国社会科学》2005 年第 5 期。

王岩、杨沫：《居民收入与主观幸福感：影响机理与实证研究》，《贵州财经大学学报》2015 年第 1 期。

徐丽敏：《农业转移人口随迁子女义务后教育：问题与对策》，《教育发展研究》2009 年第 6 期。

魏后凯等：《城镇化效率谁最高？——285 个地级及以上城市城镇化效率排名》，《中国经济周刊》2016 年第 11 期。

吴业苗：《农村公共服务社区化与实现路径——基于城乡一体化视角》，《中州学刊》2013 年第 6 期。

吴业苗：《居村农民市民化：何以可能？——基于城乡一体化进路的理论与实证分析》，《社会科学》2010 年第 7 期。

吴晓刚、张卓妮：《户口、职业隔离与中国城镇的收入不平等》，《中国社会科学》2014 年第 6 期。

吴开亚、张力：《发展主义政府与城市落户门槛：关于户籍制度改革的反思》，《社会学研究》2010 年第 6 期。

吴贾等：《城乡户籍歧视是否趋于止步——来自改革进程中的经验证据：1989—2011》，《经济研究》2015 年第 11 期。

邢春冰：《农业转移人口与城镇职工的收入差距》，《管理世界》2008 年第 5 期。

谢桂华：《中国流动人口的人力资本回报与社会融合》，《中国社会科学》2012 年第 4 期。

杨金龙：《户籍身份转化会提高农业转移人口的经济收入吗?》，《人口研究》2018 年第 3 期。

杨风：《城市化进程中农民市民化问题研究综述》，《上海城市管理职业技术学院学报》2009 年第 3 期。

姚俊：《农业转移人口参加不同社会养老保险意愿及其影响因素研究——基于江苏五地的调查》，《中国人口科学》2010 年第 1 期。

余向华、陈雪娟：《中国劳动力市场的户籍分割效应及其变迁——工资差异与机会差异双重视角下的实证研究》，《经济研究》2012 年第 12 期。

张乃仁：《农业转移人口市民化研究述评：内涵、约束与路径》，《南阳师范学院学报》2016 年第 1 期。

曾红颖：《我国基本公共服务均等化标准体系及转移支付效果

评价》，《经济研究》2012 年第 6 期。

左学金、胡苏云：《城镇医疗保险制度改革：政府与市场的作用》，《中国社会科学》2001 年第 5 期。

朱孔来等：《中国城镇化进程与经济增长关系的实证研究》，《统计研究》2011 年第 9 期。

张彧泽、胡日东：《我国城镇化对经济增长传导效应研究——基于状态空间模型》，《宏观经济研究》2014 年第 5 期。

赵海涛：《流动人口与城镇居民的工资差异——基于职业隔离的角度分析》，《世界经济文汇》2015 年第 2 期。

周丽萍等：《新生代农民工随迁子女义务教育财政公平探究——基于中国教育追踪调查和实地调研》，《教育发展研究》2019 年第 2 期。

二 英文文献

Abramitzky et al. , "A Nation of Immigrants: Assimilation and Economic Outcomes in the Age of Mass Migration", *Journal of Political Economy* , Vol. 122 , No. 3 , 2000.

Ackerman, F. , *Human Well – being and Economic Goals* , Island Press , 1997.

Antecol, H. , "Assimilation via Prices or Quantities? Sources of Immigrant Earnings Growth in Australia, Canada, and the United States", *Journal of Human Resources* , Vol. 41 , No. 4 , 2006.

Auvachez élise, "Supranational Citizenship Building and the United Nations: Is the UN Engaged in a "Citizenization" Process?", *Global Governance: A Review of Multilateralism and International Organizations* , Vol. 15 , No. 2 , 2009.

Buchanan, M. , "Social Insurance in a Growing Economy: A Proposal for Radical Reform", *National Tax Journal* , Vol. 21 , No. 4 , 1968.

Borjas, J. , "The Earnings of Male Hispanic Immigrants in the United States", *ILR Review* , Vol. 35 , No. 3 , 1982.

Borjas, J. , "Assimilation, Changes in Cohort Quality, and the Earnings of Immigrants", *Journal of Labor Economics*, Vol. 3, No. 4, 1985.

Borjas, J. , "Immigrant and Emigrant Earnings: A Longitudinal Study", *Economic Inquiry*, Vol. 27, No. 1, 1989.

Borjas, J. , Rachel, M. , "Recent Trends in the Earnings of New Immigrants to the United States", *National Bureau of Economic Research*, 2009.

Blanchflower, D. G. , Oswald, A. J. , "Well – being over Time in Britain and the USA", *Journal of Public Economics*, Vol. 88, No. 7, 2004.

Blanchflower, D. G. , " Happiness and Health Care Coverage", *IZA Discussion Papers*, 2009.

Bartram, D. , "Economic Migration and Happiness: Comparing Immigrants' and Natives' Happiness Gains from Income", *Social Indicators Research*, Vol. 103, No. 1, 2011.

Benjamin, D. J. , et al. , "What do You Think Would Make You Happier? What do You Think You Would Choose?", *American Economic Review*, Vol. 102, No. 5, 2012.

Carliner, G. , "Wages, Earnings and Hours of First, Second, and Third Generation American Males", *Economic Inquiry*, Vol. 18, No. 1, 1980.

Chiswick, B. R. , "The Effect of Americanization on the Earnings of Foreign – born Men", *Journal of Political Economy*, Vol. 86, No. 5, 1978.

Chiswick, B. R. , "The Earnings of White and Coloured Male Immigrants in Britain", *Economica*, Vol. 47, No. 185, 1980.

Chiswick, B. , "Are Immigrants Favorably Self – selected?", *American Economic Review*, Vol. 89, No. 2, 1999.

Chiswick，B. R. ，et al. ，"A Longitudinal Analysts of Immigrant Occupational Mobility：A Test of the Immigrant Assimilation Hypothesis"，*International Migration Review*，Vol. 39，No. 2，2005.

Cohen，E. F. ，"Reconsidering US Immigration Reform：The Temporal Principle of Citizenship"，*Perspectives on Politics*，Vol. 9，No. 3，2011.

Dolan，P. ，et al. ，"Electing Happiness：Does Happiness Affect Voting and Do Elections Affect Happiness?"，Department of Economics and Related Studies，University of York，2008.

Denhardt，R. B. ，Denhardt，J. V. ，"The New Public Service：Serving Rather Than Steering"，*Public Administration Review*，Vol. 60，No. 6，2000.

De Neve，J. E. ，Oswald，A. J. ，"Estimating the Influence of Life Satisfaction and Positive Affect on Later Income Using Sibling Fixed Effect"，*Proceedings of the National Academy of Sciences*，Vol. 109，No. 49，2012.

De Neve，J. E. ，et al. ，"The Objective Benefits of Subjective Well – being"，World Happiness Report，CEP Discussion Paper，No. 1236，2013.

Downs，A. ，"An Economic Theory of Political Action in a Democracy"，*Journal of Political Economy*，Vol. 65，No. 2，1957.

Easterlin，R. A. ，"Will Raising the Incomes of All Increase the Happiness of All?"，*Journal of Economic Behavior & Organization*，Vol. 27，No. 1，1995.

Easterlin，R. A. ，"The Worldwide Standard of Living Since 1800"，*Journal of Economic Perspectives*，Vol. 14，No. 1，2000.

Frey，B. S. ，Stutzer，A. ，"What can Economists Learn from Happiness Research?"，*Journal of Economic Literature*，Vol. 40，No. 2，2002.

Friedberg，R. M. ，"You can't Take it with You? Immigrant Assimilation and the Portability of Human Capital", *Journal of Labor Economics*, Vol. 18, No. 2, 2000.

Gustafsson, B., Shi, L., "Income Inequality within and across Counties in Rural China 1988 and 1995", *Journal of Development Economics*, Vol. 69, No. 1, 2002.

Goldin, C, Margo, R. A., *Wages, Prices, and Labor Markets before the Civil War*, University of Chicago Press, 1992.

Guang, L., Zheng, L., "Migration as the Second – best Option: Local Power and Off – farm Employment", *The China Quarterly*, No. 181, 2005.

Glaeser, E., et al., "Maximising Happiness does not Maximise Welfare", 2014.

Glazerman, S., et al., "Nonexperimental versus Experimental Estimates of Earnings Impacts", *The Annals of the American Academy of Political and Social Science*, Vol. 589, No. 1, 2003.

Heckman, J. J., et al., "Matching as an Econometric Evaluation Estimator", *The Review of Economic Studies*, Vol. 65, No. 2, 1998.

Hu, W. Y., "Immigrant Earnings Assimilation: Estimates from Longitudinal Data", *American Economic Review*, Vol. 90, No. 2, 2000.

Ibarraran, P., Lubotsky, D., "Mexican Immigration and Self – selection: New Evidence from the 2000 Mexican Census", *Mexican Immigration to the United States*, University of Chicago Press, 2007.

Knight, J., Gunatilaka, R., "The Rural – urban Divide in China: Income but not Happiness?", *The Journal of Development Studies*, Vol. 46, No. 3, 2010.

Knight, J., Gunatilaka, R., "Aspirations, Adaptation and Subjective Well – being of Rural – urban Migrants in China", *Adaptation, Poverty and Development*, 2012.

Kahneman, D, Krueger, A. B., "Developments in the Measurement of Subjective Well – being", *Journal of Economic Perspectives*, Vol. 20, No. 1, 2006.

Knight, J., Song, L., "Chinese Peasant Choices: Migration, Rural Industry or Farming", *Oxford Development Studies*, Vol. 31, No. 2, 2003.

Li, Y. et al., "Social Mobility in China and Britain: A Comparative Study", *International Review of Social Research*, Vol. 5, No. 1, 2015.

Long, J. E., "The Effect of Americanization on Earnings: Some Evidence for Women", *Journal of Political Economy*, Vol. 88, No. 3, 1980.

Lubotsky, D., "Chutes or Ladders? A Longitudinal Analysis of Immigrant Earnings", *Journal of Political Economy*, Vol. 115, No. 5, 2007.

McKinnon, R. I., Pill, H., "Credible Economic Liberalizations and Overborrowing", *The American Economic Review*, Vol. 87, No. 2, 1997.

Maurer – Fazio, M., Dinh, N., "Differential Rewards to, and Contributions of, Education in Urban China's Segmented Labor Markets", *Pacific Economic Review*, Vol. 9, No. 3, 2004.

Musgrave, R. A., "Theory of Public Finance: A Study in Public Economy", 1959.

Meng, X., Zhang, J., "The Two – tier Labor Market in Urban China: Occupational Segregation and Wage Differentials between Urban Residents and Rural Migrants in Shanghai", *Journal of Comparative Economics*, Vol. 29, No. 3, 2001.

Niskanen, W. A., "Bureaucrats and Politicians", *The Journal of Law and Economics*, Vol. 18, No. 3, 1975.

Oates, W. E., "Fiscal Federalism", *Books*, 1972.

Ostrom, E., "Coping with Tragedies of the Commons' Annual Review of Political Science", 1999.

Oishi, S. , "The Psychology of Residential Mobility: Implications for the Self, Social Relationships, and Well – being", *Perspectives on Psychological Science*, Vol. 5, No. 1, 2010.

Peterson, S. J. , et al. , "Psychological Capital and Employee Performance: A Latent Growth Modeling Approach", *Personnel Psychology*, Vol. 64, No. 2, 2011.

Roy, A. D. , "Some Thoughts on the Distribution of Earnings", *Oxford Economic Papers*, Vol. 3, No. 2, 1951.

Rosenbaum, P. R. , Rubin, D. B. , " Comment: Estimating the Effects Caused by Treatments", *Journal of the American Statistical Association*, Vol. 79, No. 385, 1984.

Rosenbaum, P. R. , Rubin, D. B. , "The Central Role of the Propensity Score in Observational Studies for Causal Effects", *Biometrika*, Vol. 70, No. 1, 1983.

Samuelson, P. A. , "The Pure Theory of Public Expenditure", *The Review of Economics and Statistics*, Vol. 36, No. 4, 1954.

Sisi, J. , "Reverse the Question: Does Happiness Raise Economic Output? Evidence from the European Value Survey 1981 – 2009", 2013.

Sun, S. , et al. , "Subjective Well – being and Its Association with Subjective Health Status, Age, Sex, Region, and Socio – economic Characteristics in a Chinese Population Study", *Journal of Happiness Studies*, Vol. 17, No. 2, 2016.

Stillman, S. , et al. , "Miserable Migrants? Natural Experiment Evidence on International Migration and Objective and Subjective well – being", *World Development*, No. 65, 2015.

Tiebout, C. M. , "A Pure Theory of Local Expenditures", *Journal of Political Economy*, Vol. 64, No. 5, 1956.

Vandenberghe, V. , Robin, S. , " Evaluating the Effectiveness of

Private Education Across Countries: A Comparison of Methods", *Labour Economics*, *Vol. 11*, *No. 4*, *2004.*

Xing, C. , "Migration, Self – selection, and Income Distributions: Evidence from Rural and Urban China", 2010.

Yamauchi, F. , "Are Experience and Schooling Complementary? Evidence from Migrants' Assimilation in the Bangkok Labor Market", *Journal of Development Economics*, Vol. 74, No. 2, 2004.

Zhang, D. et al. , "The Dynamic Change in Wage Gap between Urban Residents and Rural Migrants in Chinese Cities", 2010.

后　记

当前，农业转移人口市民化的问题已经引起了社会各界的广泛关注。经济学家从经济融合的角度进行研究，社会学家从社会保障、社会心理融合的角度进行评价，政策制定者更是从农业转移人口面临的切实困难着手不断深化市民化政策。但是不管是学术研究也好，还是政策文件也好，条理清晰、逻辑严密的文字背后，蕴藏着的农业转移人口群体的辛酸与汗水却少有人真正体会到。完成这部著作以后，我才深刻懂得，想研究清楚一个群体，必须深入地了解他们的痛点，了解他们的诉求，以致能帮他们勾画美好的未来。

我出生在一个典型的农业转移人口家庭，我小时候父亲因为工作手指受伤也得忍痛工作，未获得分毫赔偿、我与弟弟在城里上学需缴纳额外的借读费、一套小产权住房倾注了我父母大半辈子的辛劳……这些家庭的艰辛与苦楚时时印在我的脑海里。所以当我开始从事经济学研究时，我毫不犹豫地选择了这个领域，并且一直在这个领域扎根了下去。值得庆幸的是，经过了二三十年的发展，越来越多的人开始意识到社会公平与公民权益的重要性，也意识到了农业转移人口为城市发展所做出的贡献，国家相关的政策措施因此不断完善。而今，农业转移人口的经济社会地位有所提高，城市的落户门槛开始降低，城市的公共服务保障体系也开始逐渐覆盖到他们。参加工作以后，我有幸对流动人口随迁子女的义务教育问题展开了深入调查研究，发现了很多大城市，比如广州、杭州等地对随迁子女持有非常包容的心态，即使面临着财政压力，在解决随迁子女义务教育问题上也毫不含糊。

　　本书中采用一套微观调查数据 CHIPS 2007 研究农业转移人口与城镇居民的工资差距及同化情况（CHIPS 调查年份是 2006 年），发现当时农业转移人口与城镇居民之间存在较大的工资差距，而且该差距虽然能在一定时间内有所缩小，但是最终也无法消除。如今，十几年过去了，研究样本中包含的老一辈农民工或许早已退出了城镇劳动力市场，新一辈的农民工已经替代了他们。新生代的农民工学历水平更高，社会融合性更强，他们有些甚至就在城镇出生、成长。他们在劳动力市场的表现又如何？相比他们的父辈，他们的收入是否显著增加了？老一辈农民工的后代是否早已融入城市社会？这些新问题开始引起了我的关注，也是我现在研究的重点所在。就我自身的经验而言，如果不是当年父母费尽辛劳搬到城里从事非农工作，我与弟弟也不可能有机会在城里接受教育，更不可能考上大学，实现阶层的跨越。

　　本书的完成倾注了我五年多的努力，其中有多个章节已经在学术期刊上发表。在本书的写作过程中，我要特别感谢我的博士导师吕炜教授，导师在选题上为我提供了指引与指导，他曾断言市民化的研究至少在未来十年、二十年都是学界关注的重点问题。本书获得了吕炜教授主持的 2018 年度国家自然科学基金重点项目"国家治理视角下公共服务供给的财政制度研究"（71833002）的支持。感谢朱东明教授，他曾手把手耐心地教我如何做科学严谨的学术研究。感谢我的丈夫王岩博士，在本书的写作过程中提出了很多宝贵的意见，在生活上也给予我很多的帮助支持。

　　由于笔者水平有限，书中不妥之处在所难免，恳请读者批评指正。

杨　沫

2020 年 3 月 12 日于北京